フィッシャーマン式

筋トレ以前の筋肉の常識

Things you should know about your muscles before starting to train by Fisherman

@muscle_fish

フィッシャーマン

朝日新聞出版

はじめに

あなたは「筋トレ」に次のようなイメージを持っていないだろうか？

・筋繊維を破壊することで筋肉は成長する
・筋肉を増やすにはハードに追い込む必要がある
・筋トレをすると脂肪が筋肉に変わり、マッチョになる
・初心者はマシンから、フリーウエイトは上級者専用
・細マッチョとゴリマッチョのための筋トレは別物
・筋肉を増やすには徹底的な食事管理が必要

これらはおそらく世間で広く認知されていることだが、私に言わせると、科学的な根拠はなく、正しい理解とは言えない。

ここ数年、テレビ番組やSNSのインフルエンサーの影響で、日本でも今までなかったような筋トレブームが来ている。筋トレマシンを備えたジムが増え、自宅でもダンベルなどの器具や自重で筋トレに勤《いそ》しむ人が増えている。

「筋トレなんて、ダンベルをフンフン上げ下げしていれば、いいのでは」と、最初は皆が考える。だが、**残念ながら基礎的な知識に乏しく、変な思い込みがある状態で一生懸命筋トレをしたとしても報われる可能性は低い。**間違った常識は、今すぐに改めてほしい。

また、筋トレに関する次のような質問に回答できるだろうか。

- どのトレーニング種目をやればいいのか
- 反復回数は何回すればいいのか
- 一週間にどのくらいの頻度でやればいいのか
- 筋肉が増えるメカニズムは何か
- 継続的に筋肉を増やすためには何が必要か
- 筋肉を増やすためのカロリーはどれだけ必要か
- トレーニングと食事以外に筋肉作りに大きく影響するものは何か

「いきなり聞かれてもわかるはずがない」と思うかもしれないが、これらのポイントを最低限押さえて筋トレを始めるのと、とりあえずがむしゃらにやるのとでは、結果は全く違う。

ボディメイクが簡単であるなら、世の中にこれだけパーソナルジムがあふれるはずがない。自分の力で体を変えたいのであれば、何も知らずにジムへ行ってはいけない。だからこそ大勢の筋トレ上級者は「筋トレは知識が大事」「筋トレは馬鹿ではできない」と口を揃えて言うのである。

つまり、最短で結果を出したいと願うのならば、本書のタイトル通り、『筋トレ以前の筋肉の常識』が必要になる。第1章で解説する「筋肉の常識」を列挙しよう。

- **筋トレには「初心者ボーナス」がある**
- **筋トレに年齢は関係ない**
- **筋トレこそ最強のアンチエイジングである**
- **一度付けた筋肉は一生ものの財産となる**

・初心者は上級者の真似をしてはいけない
・「型」を守ることが最短ルートである
・「継続」よりも重要な理論は存在しない
・食事、睡眠、ストレス対策も同じくらい重要

これらの「常識」の論理やエビデンスについては第1章で解説しているので、まずは気になる項目だけでも目を通してほしい。

ただやるのではなく、理論を理解してからやる

かくいう筆者が何者かわからないと本書を読む気にならないと思うので、自己紹介しておく。私の名前は「フィッシャーマン」。日本の国内筋肉総量＝GDM（Gross Domestic Muscle）を増やすために、インターネット上で正しい筋トレの知識を発信している筋トレ指導者だ。

国立大学でスポーツ科学を学ぶ学生であった2012年末からTwitterで情報発信を開

始し、現在フォロワー数は合計13万人以上。筋トレ系としては国内トップクラスのフォロワー数を抱えている。初心者から中級者向けに理論的で実践的な筋トレメソッドの普及に努めており、約7年間にわたってフォロワーたちの筋肉を増やし続けてきた。

当初は大学の講義で聞いた筋トレの知識を、SNS上で嚙み砕いてわかりやすく発信する程度であったが、教壇に立つのはオリンピック関係者などの日本を代表するスポーツ科学の研究者ばかりであったので、結果的に私が発信する内容も日本最先端の内容となり、フォロワーは爆発的に増加した。その後は私自身も本格的に筋トレメソッドを学び、フィットネスの本場である英語圏の書籍などで知識を吸収し続けてきた。

素性も明かさず匿名な上にプロレス風のマスクを被っており、ふざけた人間に思えるかもしれないが、これは注目を集めるためにやっているだけで、中身は真っ当な人間で、発信している内容も至って真面目である。

ちなみに「フィッシャーマン」という名前の由来は、筋トレやマッチョを何となく連想でき、馴染みのあるワードであることから命名した。

そんな私も3年前までは一般体型のヒョロガリだった。私が実際に筋トレを開始したのは、SNSで10万人以上のフォロワーを獲得してからのことである。

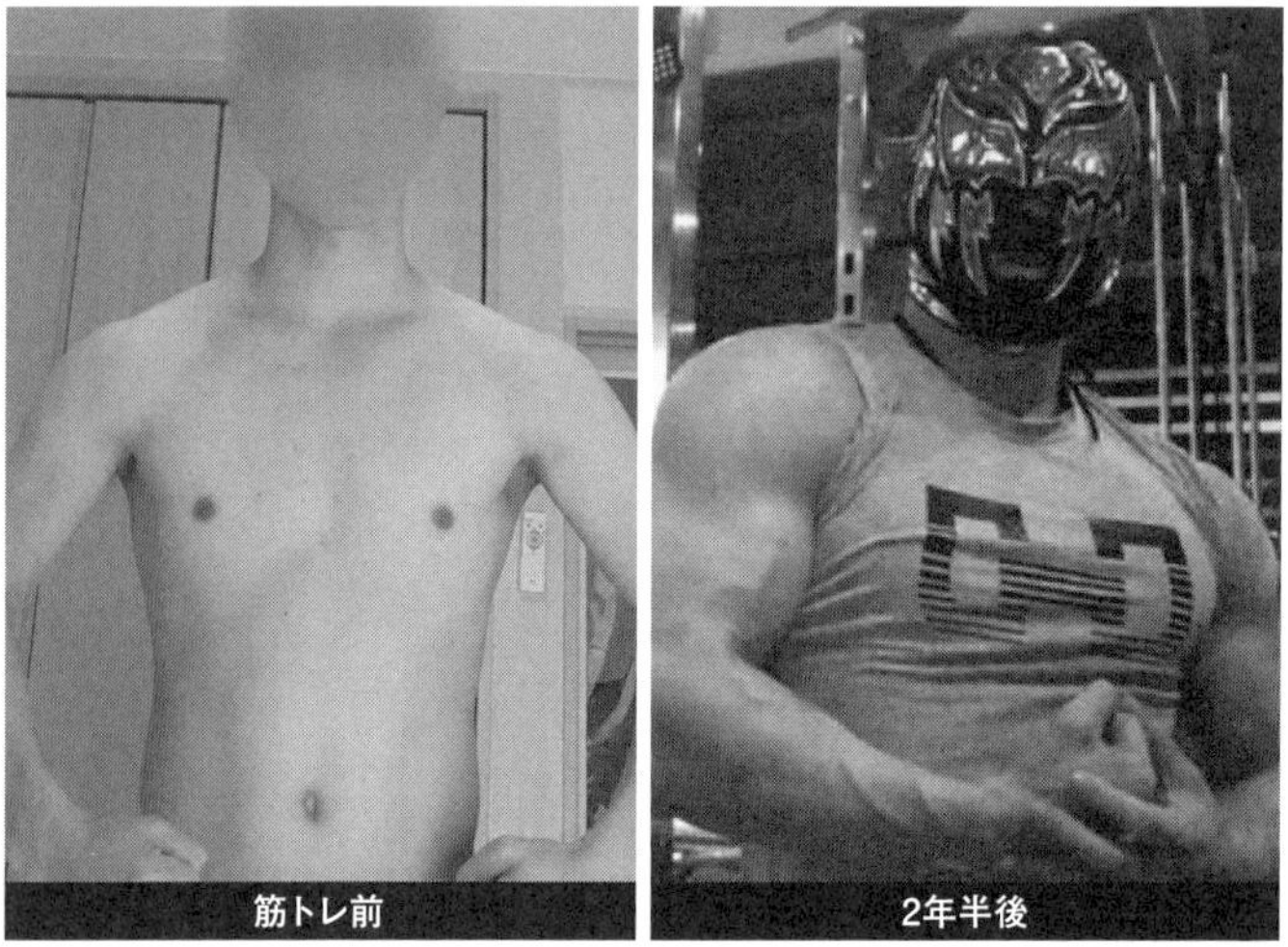

その結果、２年半で写真のような筋肉の鎧（身長１７３㎝、体重83㎏、体脂肪率13％、ＦＦＭＩ24）を手に入れることに成功した。念のために言っておくと、ステロイド等の筋肥大目的の薬物は一切使用していない。

これは筋肉量だけであれば、日本トップクラスのフィジーク（筋肉量を競うボディビルよりバランスを重視する競技）選手に匹敵するレベルである。もちろん全員がマッチョを目指しているわけではないが、この筋肉量を手に入れる場合、最低でも４〜５年以上は時間を要するレベルのものだ。おそらく、２年そこそこでこのレベルの変化を遂げた一般人を見つけることは難しいだろう。

重要なことは、筋トレを始める前までは

一般体型であった私が短期間で劇的な変化を遂げたことである。そして、取り組んだ筋トレは正直6〜7割くらいの努力であったこと。私は筋肉が増えやすい体質でもなく、継続が苦手な根気がない性格であること。社会人としてストレスを食らいつつ、朝早くから夜遅くまで働きながら取り組んだことである。

なぜ、ここまで短期間で変化することができたのか。**その答えは「私が筋肉を作る方法を事前に熟知した上で取り組み始めたこと」にある。**つまり、あなたも本書を活用することで（ここまで増やす必要はないが）、私のように最短で最高の筋肉を増やせるということだ。

筋トレは科学でしかない。だから、間違った方法を闇雲に続けたとしても報われる可能性は低い。結果、マッチョになりたいと3〜5年も筋トレを必死に続けているにもかかわらず、うまくボディメイクできていない人は結構多い。それは彼らの努力や体質の問題ではなく、単にやり方が間違っているだけである。筋トレで成果を手にしたいのであれば、適切なメソッドの理解に努める必要がある。

「圧倒的な筋肉作り」をＡＢＣから始めよう

実は筋肉作りで成果の大部分を占めている要素はさほど多くはない。したがって、本来は上級者でもない限りは、あまり成果につながっていない細かいものは一旦スルーして、成果に直結しているセンターピンだけを撃ち抜けばいい。

つまり、筋トレのメソッドを学ぶということは**「何が正しいか」ではなく、「何が重要で、成果につながっているか」を理解することにある。**この意味さえ理解できれば、筋肉作りは一気にとてつもなく簡単になってしまう。頑張るポイントが明確になるからだ。

だが、初心者にとっては「何が重要であるか」を見分けることは難しい。通常は筋トレを3〜4年も必死にやって、その時点で振り返ると何が重要だったのかを経験則から初めて理解できるものだ。だが、あなたは本書でそれを事前に知ることができる。これは最強だと思わないだろうか。

本書はできる限り情報を整理して、筋トレの成果に「何が影響するのか」を伝えることをメインに置いている。そして、具体的に何をやればいいのかまで落とし込み、誰でも「圧倒的な筋肉作り」を今日から実践できるように設計している。

筋肉を作る理論と実践を踏まえて説明しているため、次のような構成にした。

第1章では、**筋トレのモチベーションのアップと筋トレの全体像**を示した。筋トレに取り組むべき理由を説明し、筋トレに関する勘違いから目を覚まさせる。そのうえで、筋トレ理論をスムーズに理解できる価値観を養ってもらう。筋肉作りには、科学的に何が影響するのか。筋肉を作るための設計図を説明する。

第2章では、**筋トレ理論の全体像のトレーニング理論**を深掘りしていく。トレーニングにおいて、何が筋肉作りに直結しているのか。何を、どう、どれだけやればよいのかを説明する。

第3章では、**筋肉を作るための具体的なトレーニングプログラム**を紹介する。フリーウエイト中心、マシン中心、家トレの3種類に分けて、どのパターンでも対応できるようにした。

第4章では、**筋肉作りに欠かせない食事理論**を解説する。具体的にどのように食事をすればよいのか、また筋肉を付けやすい体にするためのダイエット方法も紹介する。

第5章では、**筋トレと同じぐらい重要なコンディショニング**についてまとめた。筋肉作りの継続には、ストレスや睡眠が強く関係している。これらの要素について具体的なテクニックなどを解説していく。

なお、本書の内容を全て理解して実践する必要はない。真面目な人ほど完璧主義の罠に陥るので注意が必要だ。まずは肩の力を抜いてほしい。内容を抜粋して、自分のできる範囲で必要なものに取り組むことから始めよう。あなたが続けられる楽しい方法こそ、ベストな筋トレ方法である。

英語の習得で言えば、基礎であるABCのアルファベットの書き方から始めて、英検3級（日常会話レベル）を目指すイメージだ。本書は筋肉を作る全人類に共通する話をしているので、あなたが今の自分の体型に満足しているのでなければ、読んで損をすることはないことを約束する。

では、あなたが人生や仕事で最高のパフォーマンスを発揮し続けるための「武器」になる筋肉作りを始めよう。

フィッシャーマン

第1章 筋トレ以前の筋肉の常識

第2章 フィッシャーマン式トレーニング理論

3 最短で結果を出す15の筋トレ理論 ―― 90

第3章 フィッシャーマン式筋トレプログラム

第4章 フィッシャーマン式筋肉食事理論

第5章 フィッシャーマン式コンディション理論

ブックデザイン／三森健太（JUNGLE）
イラスト／筋肉イラストレーターかまた
図版作成／宮嶋章文（朝日新聞メディアプロダクション）

第1章

筋トレ以前の筋肉の常識

1 モチベーションを上げ、「やる意味」を見つけよう

最初に筋トレに取り組むモチベーションを徹底的に上げることから始める。あなたは本書を手にしてはいるが、いまいちやる気を感じていないかもしれない。

実は、初心者が本格的な筋トレに一歩踏み出せない、継続できない理由は、忙しいとか、面倒だからではない。**根本的な理由は「筋トレをやりたいなあ」と思いつつも「筋トレの必要性」を心の底からは感じていないからだ。**人間は本当に必要だと理解しているものは嫌でもやる。

また、メディアやSNSの影響で作られた筋トレへの勘違いから生まれる抵抗感が、これから始める筋トレに対して「続けられるのだろうか」とか「本当に報われるのだろうか」とあなたを疑心暗鬼にさせているのだ。まずはその勘違いを修正して、筋トレに取り組むためのモチベーションを上げていこう。

この章では大きく3つのパートに分けて「筋トレ以前の13の筋肉の常識」を解説していく。最初に「筋トレは簡単」「初心者の方が有利」「年齢は関係ない」「筋トレが健康や人生に与えるメリット」などについて解説し、筋トレに取り組む根本的なモチベーションを上げていく。

そして、中盤では、あなたの筋トレの「思い込み」や「勘違い」を正して、後半からは理論的な話へ進み、筋肉を作るための全体像を説明していく。各項では、科学的なデータを用いながら説明していくので、説得力を感じながら読み進めることができるはずだ。

筋肉の常識1

初心者の筋トレは簡単で圧倒的に有利である

とにかく最初に伝えたいのは「初心者の筋トレはシンプルで簡単」ということだ。初心者のあなたは、筋トレを「ハードで、難しくて、きついもの」とイメージしているかもしれないが、それは上級者向けの話であって初心者向けの筋トレは全くの別物である。

たとえマッチョを目指したとしても初心者がやるべき筋トレを、ボディビル大会に出場する人がやるようなハードなもの（根性や精神力を高く保ち、週に5〜6回もジムに通い、鬼の形相でハードに筋肉を追い込んで筋繊維を破壊、食事を徹底に管理）だと認識しているのであれば、大半の人は筋トレに大きな抵抗感を感じるだろう。その考えは早急に修正する必要がある。

初心者の筋トレは、もっとシンプルで簡単だ。週5〜6回もジムに通う必要など無いし、ハードに筋繊維を破壊するとか追い込む必要もない。食事管理も基本的なことだけで十分である。**一般的にイメージされる約50％の努力の筋トレが初心者にとって最も効果の高い方法となる。**実は必死に追い込んで筋繊維を破壊するような筋トレが良い結果につながるわけではない。

いきなり自分が認識している筋トレと別物を提示されて拒絶感があるかもしれないが、あくまで科学的な事実を元に述べているだけである。科学的な裏付けは後々説明していくが、まずは、初心者の筋トレは「余計なことをせずに要点を押さえるだけ」で十分であることを覚えておいてほしい。

筋トレには「初心者ボーナス」がある

意外かもしれないが、筋トレは「初心者の方が上級者よりも有利」である。筋肉は初心者の方が圧倒的に増えやすい。これはあなたのモチベーションアップのために嘘を言っているわけではない。科学的な事実を伝えているだけだ。

「ビギナーズラック」という言葉があるが、筋トレはまさにそれ。**初心者は要点さえ押さえれば、まるで成長期の子どものような速さで筋肉が増えていく。**いわゆる筋トレの「初心者ボーナス」と呼ばれるものである。一方で、上級者は工夫や試行錯誤を重ねて鬼の形相で必死にトレーニングしても、成熟しきった大人のように少しずつしか筋肉は増えない。

筋肉が一気に増えていくボーナスタイムである初心者の時期はめちゃくちゃ楽しい。あなたが想像している以上に体は変化していく。「適切な筋トレ」さえできれば、鏡に自分の体が映るたびに変化を実感できるといった具合である。体も見た目も若々しく健康的になり、目に見えて成果が出ていく。そして、体が変化していけば、自然と筋トレが楽しくなってくる。

個人差はあるが、初心者は1年目で約10kg（女性は約5kg）の筋肉量を増やせると言われ

ている。数字で言われてもピンと来ないと思うが、筋肉は10kgどころか、2kg増えるだけでも見た目は明らかに変わる。

4〜5kgも増えれば完全に別人になり、久しぶりに会った友人や会社の同僚などを驚かせることになるはずだ。つまり、半年間でも正しい筋トレを継続すれば別人になれる。その時点で同世代の平均よりも筋肉が多く、若々しい体型になっていることは確実だろう。

一方で上級者になると、年間で1kg増えるか増えないかという状態になる。しかも、食事管理を徹底して、難しいトレーニング方法をハードに続けた結果がそれだ。初心者は中級者の5倍以上、上級者の10倍以上の速度で筋肉が増える。筋トレは初心者に有利なようにできているのである。

つまり、**あなたの現在の体型がガリガリ、デブ、メタボのような体型であっても、半年で別人になり、1〜2年もあれば人も羨むかっこいい筋肉質の体型を手に入れられるというわけだ。**人間は何かできないことが自分の努力でできるようになったり、日々の努力で何かを手に入れると、計り知れない自信を得られる。これが筋トレで自己肯定感がとてつもなく高まる理由だ。

私自身も元々は細身の体型であったが、本書でまとめたメソッドを実践して、筋トレを始めて1年間で、筋肉を約7kg増量させて別人のようになり、この達成が大きな自信となった。「筋トレは平等」とか「筋肉は裏切らない」と言われるが、それは科学的にも正しい。ぜひ自信を持って筋トレに取り組んでほしい。

世界の研究者が算出した増える筋肉量

適切な筋トレを実施した場合に増える筋肉量を紹介する。世界の著名なトレーニング研究者たちが提示した科学的な数値を一つの目安として参考にするとよいだろう。ただし、ここで紹介する数値は、あくまで「適切な筋トレ」を行った場合の平均的な増え幅であり、加えて年齢、スタート時点の筋肉量、スポーツ経験、遺伝的素質などが影響した個人差があることを理解してほしい。これらの数値よりも大きい場合もあれば、小さい場合もある。また、表で紹介している数値は男性のものであり、女性の場合はその約50%になる。

すでにジムに通って筋トレを2~3年していても、適切な筋トレになっていない場合は、初心者と同様に筋肉を増やすことが可能だ。また、筋肉量の7割は下半身に集中しているので、脚の筋肉を積極的に鍛える場合は、筋肉の増加量は大きくなる。

筋肉量の増加の目安（LYLE MCDONALDモデル）

トレーニング歴	月間	年間
1年目	0.7〜0.9kg	9〜11.3kg
2年目	0.5kg	4.5〜5.4kg
3年目	0.2kg	2.3〜2.7kg
4年目	—	0.9〜1.4kg

ちなみに私の場合は、先に述べたように最初の1年間の増え幅は7kgに留まっているが、これは元々下半身の筋肉量が多く、上半身の筋肉量を増やす筋トレを中心に行ったことが理由である。

後々解説するが、これら表の数値は、初心者と上級者が同じような筋トレを行った結果ではない。上級者の方が遥かにハードで複雑なプログラムで筋トレを行った上での数字である。

繰り返すが、初心者には筋肉が増えやすい「初心者ボーナス」が用意されている。だから、特別な方法を求めたり、余計なことをしたりせずに、基本と要所を押さえた筋トレに取り組むことが大切なのである。

筋肉の常識2

筋トレに年齢は関係ない。何歳から始めても遅くない

読者の中には、「もういい年だから」と肉体改造を半ば諦めている人もいるだろう。たしかに加齢によって身体の能力は衰える。テストステロン値、肺活量、回復力の低下など挙げれば切りがない。

たとえば、筋肉の回復や合成のための最も重要なホルモンと言えるテストステロンは、その値は30歳以降から年に約1%ずつ低下していくし、脳機能の変化により30歳以降は新しい物事の習得が遅くなる。加齢によって不利な要素が生じるのは紛れもない事実だ。

しかしながら、あなたが体の衰えから筋トレを諦めているのであれば、今すぐに考えを改めるべきだと言いたい。なぜなら、**少々増えにくくなるだけで、「何歳でも筋肉は増える」ことが科学的にわかっているからである。**

東京大学の石井直方教授が行った平均年齢70歳の高齢者を対象とした研究では、週3回

の簡単なトレーニングを3ヶ月続けた結果、約10％も筋肉量が増加、約15％も筋力が向上したことが報告されている。

他にも、平均96歳の高齢者でさえ筋肉が太くなり、筋力も向上したというアメリカの研究報告もある。筋トレに関して、１００歳に近い高齢者でもこのような結果が出ている以上、40代など議論するまでもなく、50～60代でさえも十分に若いとさえ私は思ってしまう。

実際に私のＳＮＳのフォロワーの中にも、50代や60代から筋トレをスタートして、理想的な体を手に入れた人が大勢いる。40歳近くから筋トレをスタートさせた人で、私よりもマッチョな人もいる。フィットネスジムに行けば、筋トレをライフワークとしているマッチョな60～70代（と思われる方）が必ずいる。

世界を見渡せば、60歳を超えて筋トレ未経験からボディビルを趣味としている方もいるし、ベンチプレス１００kgを軽々と上げる80歳もいる。あまり知られていないだけで、年齢に関係なく筋トレに取り組み、若者を超えるような人は大勢存在するのだ。筋トレを始めるタイミングはいつだって遅いことはない。私は彼らを見るたびに、筋トレで大事なのは年齢や能力よりも「俺はやれるんだ」という気持ちだと気づかされる。

筋肉の常識3

筋トレこそが最強のアンチエイジングである

「加齢によって筋トレ効果を受け取りにくくなる」と書いたが、そもそも加齢による衰えの改善こそが筋トレの目的の一つと言えるだろう。

筋トレは、単に見た目のためだけにやるものではない。体の機能向上や健康面のメリットも手に入れることができる。筋トレをライフワークにしている人を見れば明らかだが、見た目以上に精神的にも肉体的にも健康で、同世代よりも明らかに若い。

筋トレのアンチエイジング効果は科学的にも明らかだ。たとえば、男性が健康を保つための最も重要なホルモンであるテストステロンは、定期的なトレーニングによってその値が向上する。若々しくなるのは、このテストステロン値の向上が大きい。**筋肉や骨を作り、体脂肪を減らす肉体的な効果だけなく、精神面にも強く影響している。**

前述のように30歳以降テストステロン値の低下が始まり、40歳以上になると男性更年期（LOH症候群）のうつ、筋肉の減少、メタボなどの症状に苦しむ人が出てくる。男性更年期の症状が酷い場合は、医療機関で男性ホルモン注入（テストステロン補充療法）を治療として行うことが一般的だ。

順天堂大学大学院医学研究科の堀江重郎教授によれば、テストステロン値が高い人ほど、冒険心、チャレンジ心、競争心が高くなるという。つまり、ハツラツとしているということだ。ある研究でロンドンの金融トレーダーのテストステロン値を調べた結果、テストステロン値が多い人ほど1日の利益が大きく、一方で損失額も大きかったそうである。つまり、リスクを取ってチャレンジしているのである。

また、テストステロン値が高い人は社会性や公共心も上がり、嘘をつきにくくなり、他者に公平になる。さらに不安を感じにくい鈍感力も向上する。世界各国のリーダーやエグゼクティブが、こぞって筋トレに励んでいるのは、単に肉体的な健康のためだけでなく、精神面の向上を求めた自然な結果なのかもしれない。

筋トレをしている人が若々しいのはテストステロンの効果だけではない。トレーニングによって発生する成長ホルモンの影響も大きい。成長ホルモンには肌ツヤをよくして、筋肉や骨も丈夫にしてくれる効果があり、アンチエンジング効果は数々の研究から確認されている。

同世代よりも若くて健康的であるというのは強烈な自信につながる。この好循環が続くことで、中年であっても若者のような活力がみなぎるのである。

別に若々しさが正義ではないが、いつまでも健康で若い方が人生を楽しめるに決まっている。まだ20代の私の友人を見ても、すでに実年齢±5歳くらいの差は生まれている。40代以上であれば、おそらく±10歳くらいの差は出ているのではないだろうか。

世間を見渡せば、50代でも30代のような見た目の人もいれば、逆に30代でも50代のような人がいることは、あなたも感じているはずだ。年齢はただの数字で、日々の習慣で変わるということだ。

アンチエイジングを目的としたサービスや商品は本当に多いが、最もコストパフォーマンスに優れた方法は筋トレだと私は考えている。おそらくあなたもそれに気がついているから本書を手にしているのではないだろうか。世界中で筋トレの効果に気がついた人は生活に筋トレを取り入れている。

また、年齢を重ねると代謝は下がり太りやすくなる一方で、運動する機会は減っていく。ゆえに、定期的に自ら運動する習慣が求められる。

筋トレは忙しい社会人の救世主となる。本書では、筋肉を増やすことを目的にしているので、ウエイトトレーニングの方法を紹介しているが、単に健康維持ぐらいの目的であれば、自宅で毎日10分程度の簡単な自重トレーニングから始めてもよいだろう。

筋肉の常識4

貯金よりも「貯筋」。一度付けた筋肉は一生もの

「マッスルメモリー」という言葉を知っているだろうか。実は一度手に入れた筋肉はその痕跡が細胞に残り続け、少なくとも10年以上、場合によっては生涯にわたって効果が残り続ける。これは筋肉が大きくなる際に増殖した細胞核が、継続的に筋肉に残り続けるからだと考えられている。

可逆性の原理といって、筋トレで一度筋肉を増やしてもトレーニングを完全にやめれば体は元に戻るという原理がある。しかし、一度でも筋肉を増やしておけば、筋トレを再開した時に以前よりも圧倒的に早く筋肉が増える。これがマッスルメモリーの効果である。

つまり、一度手に入れた筋肉は「あなたの一生の財産となる」のである。これを私は**お金ではなく筋肉を貯める「貯筋」と呼んでいる。**

アメリカの引退した有名ボディビルダーが、50代で10年以上ぶりに競技に復帰したことがある。彼は一般人の体型に完全に戻っていたが、わずか半年のトレーニングで世界大会に出場できるまでに筋肉を戻せた。

筋トレをやめると筋肉量は元に戻ると聞いて、「マグロのように一生泳ぎ続けないといけないのか」と思うかもしれないが、それは正しい理解ではない。**筋肉は増やすことに比べてキープすることは圧倒的に簡単なので安心してほしい。**

筋肉を増やした時の約半分のトレーニング量で筋肉量を保てるので、同じ負荷で頑張り続ける必要は全くない。だから、満足するまで筋肉量を増やした時点で維持するトレーニングに移行すればよいのである。これも筋トレの素晴らしい部分だ。

超少子高齢化社会の日本で筋トレをやらないのはリスクでしかない

世界で最も少子高齢化が進む、これからの日本の社会を考えると、筋トレをしないで生きるという選択肢はとてつもなく危険である。老後のお金の心配をしている人は多いが、「貯筋」についても考えておく必要がある。

厚生労働省によれば、2025年の時点で37万人もの介護人材が不足すると予測されており、現時点でもすでに「老老介護」や「認認介護」という問題が起きている。2040年、2050年と少子高齢化が進行するとどうなるか——貯金（お金）があっても介護してもらえない時代が来る可能性がある。

実は、要介護になる大きな理由の一つが筋肉量の低下であることがわかっている。筋トレや運動をしていない場合、加齢による筋力の低下は著しく、**30歳と80歳の脚の筋肉を比較すると、平均で約50%のサイズにまで落ちる。**

筋肉量が低下すると、平坦な場所でも転倒して大怪我しやすくなる。内閣府発表の「平成29年版高齢社会白書（全体版）」によると、高齢者が要介護になる原因の12・2%が「骨折・転倒」と報告されている。

また、東京消防庁によれば、平成25年から平成29年の間に日常生活事故で救急搬送された高齢者のうち、原因の80％以上が転倒事故と発表された。

20〜30代はもちろん、50代でも全くイメージできないだろうが、高齢者は普通に生活している中の何もないようなところでも、転んでしまう。そして、骨折などの重傷を負ってそのまま要介護となってしまうのである。その数は年間10万人にものぼる。

これは他人事ではなく、あなたもそうなる可能性が十分にあることだ。高齢になって寝たきりで介護されるのは本当に辛い。**死ぬ間際の高齢者に「人生で何を後悔したか」という質問をすると、「健康を蔑《ないがし》ろにしたこと」が上位になる。**

逆に健康であれば何でもできる。健康は最高の資本だ。健康に過ごせる時間が長くなれば人生を充実させることができる。**残りの人生で最も若い日は今日である。筋トレの成果が最も期待できるのも今日ということだ。**貯金よりも「貯筋」の方が人生を楽しむための最強の「投資」になりうるのだ。

2

筋トレ以前の「非常識」勘違いを修正せよ

ここまでで筋トレに取り組むべき理由をお伝えした。筋トレのモチベーションが爆上げされているはずだ。この時点で筋トレを生活に取り入れる理由を見つけられていない場合は、胸に手を当てて、考え直してほしい。

次に「初心者の筋トレの基礎となる考え方」と「筋トレでやってはいけないこと」を解説していく。メディアやＳＮＳの影響で、あなたに植え付けられた「間違った筋トレ方法やイメージ」を解毒する。この項を読み終える頃には、適切な筋トレ道を歩み始める準備が完了しているはずだ。

筋肉の常識5

初心者は上級者の真似をするな

初心者であっても、上級者のようにハードに追い込む、特殊な種目をやる、トレーニングテクニックを駆使する方が効果は高いと勘違いしている人は多い。もしかすると、あなたもそのように理解しているのではないだろうか。

しかしながら、それは完全に逆効果である。例えるなら、中学校の理科の授業で大学の医学書を使うようなもので、完全にオーバースペックなのだ。筋肉作りの方法に本質的な違いはないが、**初心者には初心者に最も効果の出る筋トレ方法があり、中級者には中級者の方法が、上級者には上級者のためのベストな筋トレ方法がある。**

次ページのグラフは「筋トレ成果」と「トレーニングの複雑さ（難しさ）」のグラフを簡略的に表したものだ（『Practical Programming for Strength Training』〈Mark Rippetoe〉と筋肉の増える速度〈Lyle McDonald モデル、Alan Aragon/ Eric Helms モデル〉を参考に筆者作成）。

このグラフでわかる通り、上級者は複雑で難しくハードな筋トレに取り組んで得られる

筋肉量の増加とトレーニングの複雑さのイメージ

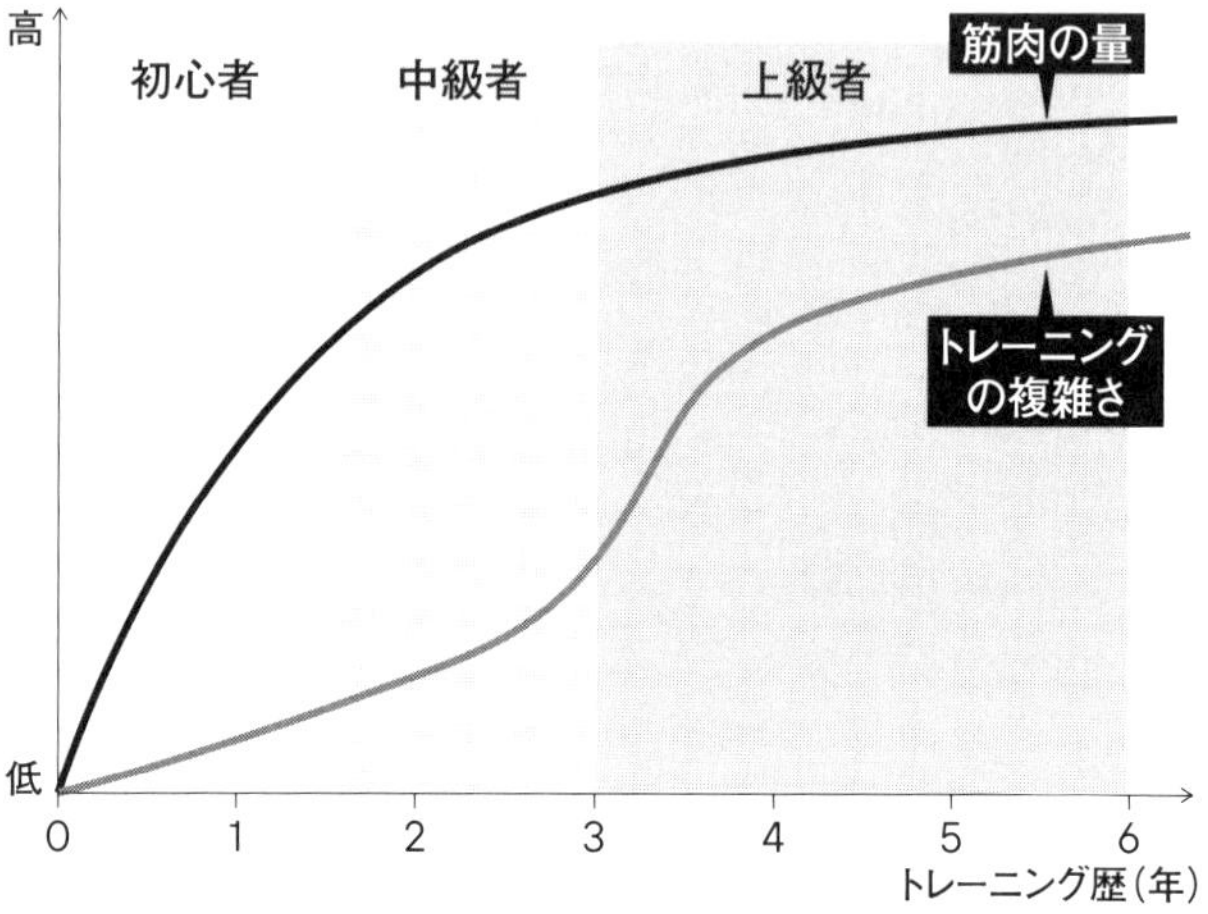

筋トレ成果は小さく、**初心者は簡単なことをやって、大きな成果を得ることができる。**

端的に言えば、上級者は「10」の努力をして「1」の成果しか得られないのに対し、初心者は「1」の努力をして「10」の成果を得られる。初心者はメディアやSNSでボディビルダーがうめき声を上げながら必死にやるような、地獄のスポ根魂のようなトレーニング方法は全く必要ない。

なぜ、初心者の筋肉が増えやすいのかというと、初心者の筋肉はトレーニングの刺激に慣れていないピュアな状態なので、筋トレ効果が筋肉に反映されやすいからである。初心者は幼稚園児や小学生のような圧倒的な成長期。スポンジのようにトレーニング効果を一気に吸収していく。したがって、初心者は「基本的な理論に沿った筋トレ」さえできれば、難しいことをしなくても圧倒的な成果を得られる。

というより、初心者は上級者のようなトレーニングをやってはいけない。逆効果だからである。初心者が上級者のハードなトレーニングをやると、ひどい筋肉痛（筋肉を成長させる効果はない）や最悪の場合は怪我につながる。ハードなトレーニングで必要以上に疲労が溜まれば、次回以降のトレーニングに支障が出る。つまり、**筋トレは全員に共通する一つの効果的な方法があるわけではなく、自分のレベルに合った方法が最も効果が高くなるということだ。**

重要なことは、初心者にベストなトレーニングは厳しいものではないし、中級者レベルであっても、高度で複雑なものは必要ないということだ。メディアで紹介される精神的に追い込むようなハードなトレーニングの方が効果が高いわけではない。それは筋肉を増やした上級者がさらに増やしたいからやるものだ。

筋肉の常識6

他人の筋トレ方法や成功体験は、話半分で聞き流せ

初心者は他人の成功体験談を信用しすぎる傾向にある。「○○さんが、□□という方法で成果が出た。これは自分も同様の成果が出るだろう」と自然と期待してしまうのだ。ボディメイクではこの類の話が何の根拠もなく信じられる傾向にある。

「ゾウの糞を毎日食べたら、偏差値30から1年で東京大学に合格した」と聞いて信じる人はいないと思うが、ボディメイクでは、「人気モデルがゾウの糞を食べたら2ヶ月で体重が5kg落ちた」というような意味不明な話を信じる人が一定数いる。

当然、この類の話は信用しすぎてはいけない。ネットにある素人のボディメイク体験談や一部の書籍に書いてある成功メソッドは、方法と結果の因果関係がズレていることが多いからである。ゾウの糞を食べる一方で、筋トレや有酸素運動をして適切な食事管理ができているから痩せる。それだけである。体験談は「あいつが成功できたなら俺もできる」

というモチベーションとして活用するにはよいが、メソッドを簡単に信用してはいけない。あなたが選択すべき筋トレは、努力の方向と成果が確実にリンクしている方法だ。**実は、筋トレの成果の50％以上は遺伝的な要因によって決まる。**世界的に有名なトレーニング研究者であるブレット・コントレラス氏は、お尻の筋肉の見た目(彼の専門分野)の60％は遺伝で決定して、残りの40％が努力で変えられる部分だと主張している。これはボディメイク全般に言えることだ。だから、40％の努力で変えられる部分を蔑ろにしてはいけないのである。

生まれつき筋肉が増えやすい体質の人は、本当におかしな方法でも成果を出してしまう。たとえば、アフリカ系(いわゆる黒人)の方(人種を一括りにするのはよくないかもしれないが、あくまで科学的に遺伝的に優れた傾向にあるので、例として紹介している)は、明らかに筋肉が増えやすい傾向にある。

国際レベルのボディビル大会の上位選手は黒人ばかりで、オリンピックの100m決勝も黒人ばかりである。若い黒人と白人の大腰筋(脚を引き上げる機能があるスプリント能力に強く影響する筋肉)の太さを比較した結果、3倍以上も太いことがわかっている。何も運動をしていないような方でも、ジムで定期的にトレーニングをしている日本人よりも体格が優れていることも少なくない。

　これは何も他人種との差だけでなく、同じ人種間でも同様だ。一部の人はトンチンカンな筋トレ方法で凄い体を手に入れてしまう。ダイエットも同様に、太りやすさは遺伝的なホルモンバランスの違いなどから生じる栄養の取り込み方の違いが大きい。だから、太りやすい人もいれば、太りにくい人も存在する。

　たとえば、いまだにＧＩ値（食後血糖値の上昇度を示す指数）を重視するトレーナーは多いが、全く同じものを同じ量食べても血糖値の上昇は個人によって全く異なる。このようにボディメイク、とりわけ筋肉の増減は遺伝的な要因が大きい。だから、個人の体験談や特殊なメソッドは信用してはいけないのである。

　筋トレにしてもダイエットにしても、ボディメイクでは世界中で成果が実証済みの「１００人中99人が成功した再現性の高い確実な方法」がある。私からすれば「なぜその方法で取り組まないの？」という疑問しかない。あなたも「世界中でやり尽くされた99％以上の人が上手くいくような筋トレ」を選択すべきだと思わないだろうか。

筋肉の常識 7

「型」を守ることが最短ルートである

ボディメイク業界は、インチキが横行している。明らかに効果がないものでも「効果がありそうだ」「これならできそう」「簡単、手軽!」「楽しそう!」と思わせたら勝ち。だから、初心者向けの筋トレはこうした謳い文句が多い。

毎年のように出てくる、優れた効果があると主張されたサプリや謎の筋トレ器具。これらは知識のない初心者が「効果がありそう!」と勘違いするだけで、ほとんど意味のないものばかりである。別にビジネスをすること自体は何も悪いことではないが、彼らがあなたの人生や体のことを何一つ考えていないことは問題だ。

本書の冒頭で伝えたように手軽で特別で効果のある方法を求める気持ちはわかるが、残念ながらそのような筋トレ方法は存在しない。存在するのであれば、私は本書で紹介している。筋トレの基本的なやり方は、もう何十年も変わっていない。

信頼性の高いエビデンスなどが発表されることによって、多少の細かい変化はあるが、今さら画期的な新しい方法など出る余地はないのだ。基本的に「簡単・手軽・ラク」が揃った方法は嘘だと思って差し支えない。どの業界も同じく、いつもカモにされるのは初心者だ。

筋トレも他のスポーツと同じように、**初心者はいわゆる「型」を守ることで、最も確実に成果に繋げることができる。**「型」というのは、先人が過去の経験から作り上げた成功のレシピだ。だとすると、何の知識も経験もない初心者が「型」を学ばずに始めようとするのは、どう考えてもおかしいと思わないだろうか。

高校の古文の授業で知った覚えがあるが、「学ぶ」という言葉の語源は「真似る」といわれる。スポーツはどの種目でも最初に「型」を真似ることから始まる。型というと、柔道や空手などの武道をイメージするが、野球でもサッカーでも基本的には型のような基礎から始めることが一般的だ。

なぜなら、型を覚えることが最も確実で早く上達できる方法だからだ。野球では、最初はバットの握り方や基本的なスイングの軌道から覚えて素振りを繰り返すことで上達していく。野球初心者が自分勝手に打法を考案したり、表面上の動きだけを見て、イチローの振り子打法や落合博満の神主打法を参考にしても何も成果につながることはない。

これは筋トレでも同じだ。少々きつい言い方で申し訳ないが、**はっきり言って初心者に独自の方法は必要ない。**試行錯誤するには早すぎる。少なくとも、まずは「型」を試してからやれと言いたい。

たしかに自分独自のオーダーメイドな方法を見つけたい気持ちはわかる。特別で、効率的で、ラクで、手軽な筋トレ方法があるのかと探してしまう気持ちも十分理解できる。しかし、特殊な方法から始めても、初心者は結果を出す可能性は極めて低い。

だから、毎月のように新しいボディメイクメソッドが開発されて初心者を永遠に食い続けているのだ。そして、最終的に報われなかった全員が基礎的な方法に行き着くというのが筋トレ界で今起きていることである。

筋トレをアレンジするのは、最低でも個人差が出てくる中級者以上になってからだ。継続していれば、必ず自分に合った方法に修正する時期が来る。人間の体は一人ひとりが異なる以上、「型」という基本の中にも、一部は自分に適さないものもある。

しかし、だからといって、何も取り組んでいない初心者が最初から試行錯誤することは不可能だ。したがって、本書では、筋トレにおける「型」のような再現性の高い方法を紹介している。それが最も確実に成果を手にできる「報われる筋トレ」だからである。

また、「基礎的＝地味＝つまらない」という謎の思い込みをしている人はこの時点で考え方を直してほしい。ここで紹介している筋トレ方法は、**結果がどうなるかわからないギャンブル筋トレではなく、本番の試験にもほぼ確実に出る「過去問」**のようなものだ。そう考えれば楽しいではないか。

繰り返すが、筋トレは適切なプロセスで取り組んで、その努力に応じた成果を手にできるから楽しくなってくる。だから大勢の大人たちがハマってしまう。また、人間には単純に「体を動かす根源的な欲求がある」ことも覚えていてほしい。

筋肉の常識8

優先順位の高いものを絞ってやれ

あなたは「パレートの法則」を知っているだろうか。多くの物事は「80：20」の割合になることを示した法則で、成果の約80％が、全体を構成するうちの約20％の要素が生み出しているという理論だ。

たとえば、ビジネスにおいて売上の80％は20％の顧客が生み出していることなどが挙げられる。一見、筋トレとは全く関係がない話に思えるが、この理論は筋トレを取り組む上で極めて重要である。実は私が発信する情報のほとんどは全てこのパレートの法則を意識している。

なぜなら、筋トレ成果の80％は、全体の20％に当たる要素で決まるからだ。つまり、「最初から全部を頑張るな」ということ。**初心者〜中級者レベルであれば、最重要の20％に集中すればいい。**これが「はじめに」でお伝えした「センターピンを狙え」という意味である。

初心者でも、最新の筋トレメソッド、エビデンス、サプリ情報を集めて、積極的に取り入れようとする人がいる。たしかに学ぶ姿勢は素晴らしいが、初心者に細かい情報は必要ないし、サプリも基本的なもの以外を使ったところでほとんど意味はない。要は細かい情報を活かすレベルには、まだ遠い段階ということだ。

最新のエビデンスがいくら発表されても、筋トレの本質的な方法は変わらない。現に日本語で発売された書籍の中で最も優れた筋肥大系の筋トレ本は、20年前に出版された『究極の筋肉を造るためのボディビルハンドブック』（クリス・アセート／体育とスポーツ出版社）だと私は思う。

最新の情報を集めるべきなのは上級者だけだ。彼らは基本を理解し、やることをやり切ってもう伸びしろはない。必死にやっても、初心者の10分の1の筋肉も増えない。だから、少しでもプラスになる方法を求めているのである。例えるなら、95点の筋トレを96点、97点と積み上げている感じである。

初心者は0点の筋トレから始めるのだから、まずは80点の方法を目指してほしい。それでも満足できない場合に細かい方法を追加することを始める。これが正攻法だ。というより、本質が何かを理解していない初心者が、より良い情報を求めて探し回ると、情報に飲まれるので注意してほしい。

私のもとには「○○さんと△△さんが違うことを言っているのですが、どちらが正しいですか？」「このサプリとこのサプリどっちが効果的ですか？」という質問が毎日のように来る。一体何が正解なのかわからなくなり、自分が今やっている筋トレが信用しきれなくなるのである。

繰り返すが、**初心者は要点を押さえて基本的なことをやるだけで、とてつもなく筋肉が増える。**だから、初心者は情報を集めすぎてはいけない。必要なのは本質を知ること。そして、大して重要でない無駄なことをスパッと切り捨て、成果に直結する重要な要素から取り組むことが求められる。

筋肉の常識9

「継続」よりも重要な理論は存在しない

最も重要な理論は何かを伝えたいので、この時点で言っておく。**筋トレにおいて、最も重要な理論は「継続」である。**筋トレは100m走ではなく、マラソンだ。続けること以上に大事なことはない。地味で当たり前と思うかもしれないが、常に頭に入れておいてほしい。どんなに優れた筋トレ方法でも、継続できなければ何の成果も受け取ることはできない。

筋トレは1日や1週間で終わるものではない。1回のトレーニングで増える筋肉量は雀の涙ほどで、筋肉を増やすということは、「日々の筋肉の小さな増加」を積み上げる繰り返しにすぎない。1ヶ月で増やすことのできる筋肉の量など、最も筋肉が増えやすい初心者でさえ、せいぜい約1kgが限界である。女性であれば、その半分の500g程度だ。ゆえに継続することが全ての大前提となる。

目に見えるような成果が出るには、個人差はあるが、最低でも数ヶ月は必要となる。初心者は筋肉が増えやすいと言っても、トレーナーやマッチョの友人が付きっきりで指導する場合を除いて、コツを掴むまではなかなか変化は出ない。したがって、最初は腐らずに継続してほしい。

メディアやパーソナルジムの宣伝で、ビフォー・アフターの1~2ヶ月の劇的な肉体変化を見て、短期間でボディメイクが完了すると勘違いしてはいけない。あれはダイエット(脂肪を落としただけ)である。脂肪が落ちて下にあった筋肉が浮き上がり、筋肉が増えたように見えるだけで、ダイエットで実際の筋肉量はかなり減っている。短期間の激ヤセであれば尚更だ。

実は筋肉を増やすことに比べると、脂肪を落とすのは10倍、いや100倍は簡単である。年齢、性別、体重、体脂肪率などによるが、平均的には2ヶ月もあれば誰でも5kg以上の脂肪を落とすことは難しくない。

一方で筋肉を5kg増やすには、最低でも半年以上(女性は1年以上)は必要になる。それに両者の労力は比にならない。筋肉を増やす道は、コツコツと継続する以外に用意されていない。ただし、筋肉量は1～2kgでも増えれば、見た目の変化は実感できるので、安心してほしい。

継続のための詳しいテクニックやモチベーション理論については別の章で解説していくが、まずは敷居をさげて「できることから始める」という意識で取り組むのがおすすめだ。**最初は60点のイメージの筋トレでもよいので、継続できれば勝ちと思ってほしい**。それに私も含めて初めは誰だって右も左も何もわからないビギナーから始まっている。続けていけば次第に道が開かれていく。

3

「筋トレの全体図」を見て効率の高いものに集中しろ

ここまで読み終えた方は、モチベーションが高まった上で、脳内に染み付いた筋トレのおかしなイメージを払拭できたはずだ。早速、ここから筋トレの理論を解説していく。この項では**「筋トレの全体図」から「筋トレの成果に何が影響するのか」**を知ることで、筋トレの成果に直結する要素を解説していく。

この項を読み終える頃には、筋トレで頑張るべきポイントが明確になっているはずだ。おそらく重要でないと思っていたものの影響度が高かったり、反対に重要と思っていたものがどうでもいいことに驚くだろう。

筋肉の常識10

成果に直結する「トレーニング、食事、睡眠、ストレス」

見慣れないものをいきなり提示して申し訳ないが、次ページのピラミッドは、筋トレの成果に何が影響するのか示したものである。ブレット・コントレラス氏という筋トレ博士として世界的に知られている有名なトレーニング研究者が発表したもので、科学的な裏付けと彼の経験則から作られたものである。

彼は世界中のプロトレーナーたちからお墨付きをもらっているような人物で、発信される情報は豊富な指導経験と高度な科学的知識の両者を踏まえており信頼性が高い。

この図を見てわかる通り、筋トレの成果に最も影響するのは遺伝子である。ボディメイクでは同じように努力すれば、同じ結果になると思われる傾向にあるが、そうではない。誰にでも共通するような適切な方法（本書に書いてあること）は存在するが、遺伝子が異なる以上は、全員が同じ結果になることはない。

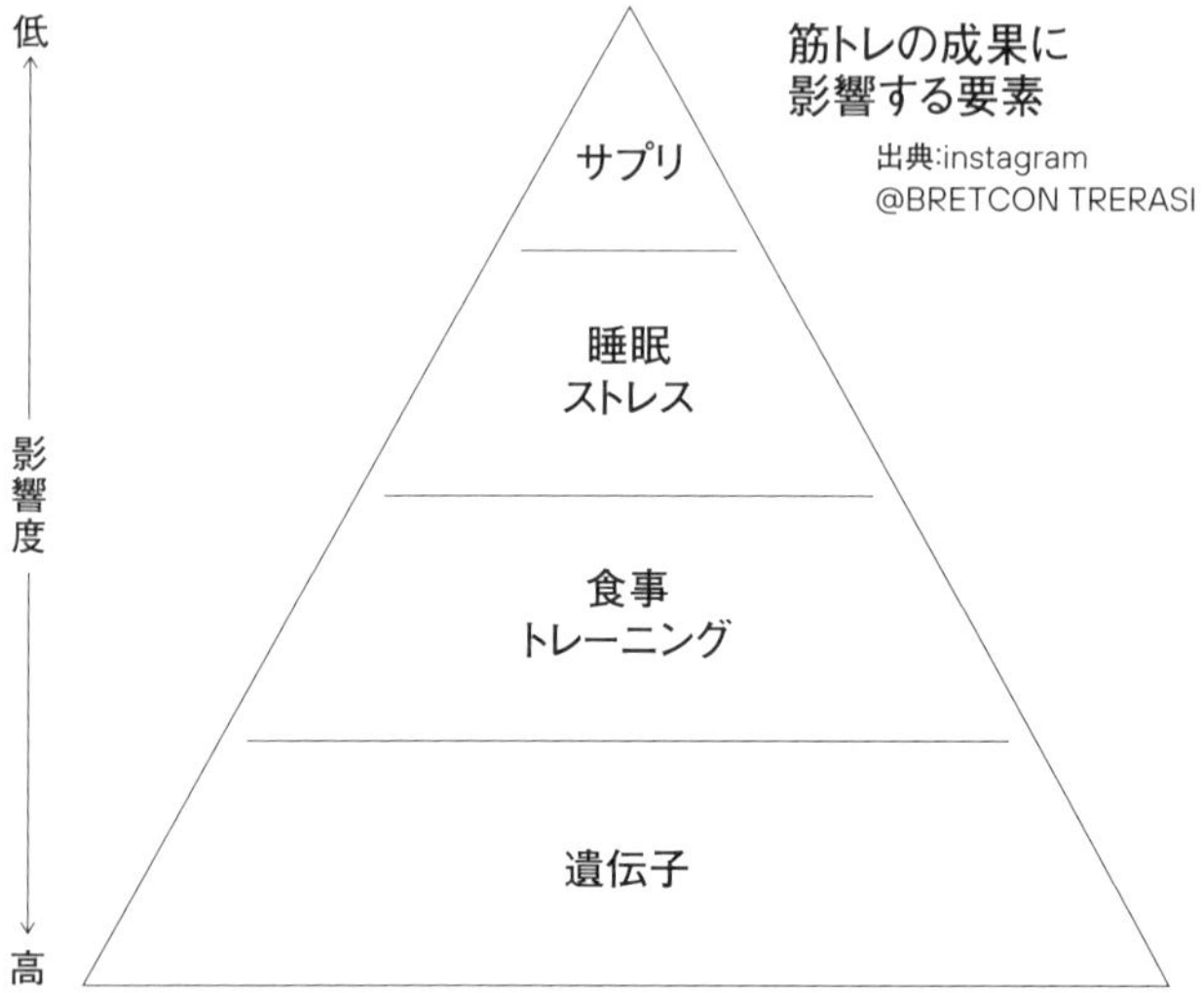

背が高い人もいれば、低い人もいるように、遺伝的に筋肉が発達しやすい人もいれば、そうでない人もいる。痩せやすい人もいれば、太りやすい人もいる。したがって、他人の体と自分を比べる必要はないし、過度に他人のボディメイク方法を参考にしてはいけない。

遺伝子に続いて影響度が高いのは「食事&トレーニング→睡眠&ストレス」となる。筋トレは、ジムで一生懸命にトレーニングすることだけが成果に影響するわけではない。トレーニング、食事、睡眠、ストレスの4要素が大きく影響しているのが科学的な事実である。

食事がトレーニングと同等に大事なこと

は、知っている人は多いかもしれない。トレーニングは「大きくなれ！」と筋肉に命令することが役目であり、食事は筋肉を作る材料や、トレーニングのエネルギー源となっている。トレーニングを一生懸命やっているのに筋肉が全然増えないという人の大半は、栄養摂取に問題があることが多い。

栄養が足りない状態では、必死にトレーニングをしても筋肉が増えることはない。トレーナーたちが「トレーニングよりも食事が大事だ」と言っているのは、初心者がトレーニングだけに注力する傾向があるので、食事も重要であることを伝えたいからである。

睡眠やストレスは、筋肉作りにあまり関係がないと思っていた人も多いだろう。食事が重要であることは直感的に理解できるだろうが、睡眠やストレスについては感覚的に筋肉との関係性をイメージできないはずだ。

しかしながら、科学的に見ていくと納得できる。後で説明するが、睡眠やストレスは筋肉を増やすホルモンや、分解を進めるホルモンの分泌に強く影響する。ステロイド注射などで人工的にアナボリックホルモンを体内に入れると、とてつもない効果があることはご存じだろう。ホルモンの効果は計り知れない。これが睡眠やストレスも強く影響している大きな理由である。

つまり、遺伝子は変えられない以上、筋トレで取り組むべきことは4つ。**①トレーニング、②食事、③睡眠、④ストレスである。**これらの4要素を成果に繋げることこそ、あなたが筋トレでやるべきことである。この時点では、まだ抽象的な話だが、少しずつ筋肉作りの全体像が見えてきたはずだ。

筋肉の常識11

トレーニングと食事で最優先するべきもの

トレーニング、食事、睡眠、ストレスの4要素の中から、トレーニングと食事に関する影響を細分化したものを紹介する。エリック・エルムス氏（トレーニング研究者）の意見を参考に筆者の意見を加えて作成したものだ。筋トレ成果の全体に「トレーニング、食事、睡眠、ストレス」が影響するように、トレーニングと食事の中にも、それぞれ影響度が高い要素がある。

見慣れない言葉（後で全て説明する）が一部あり、「いきなり難しくなったな」と引かないで

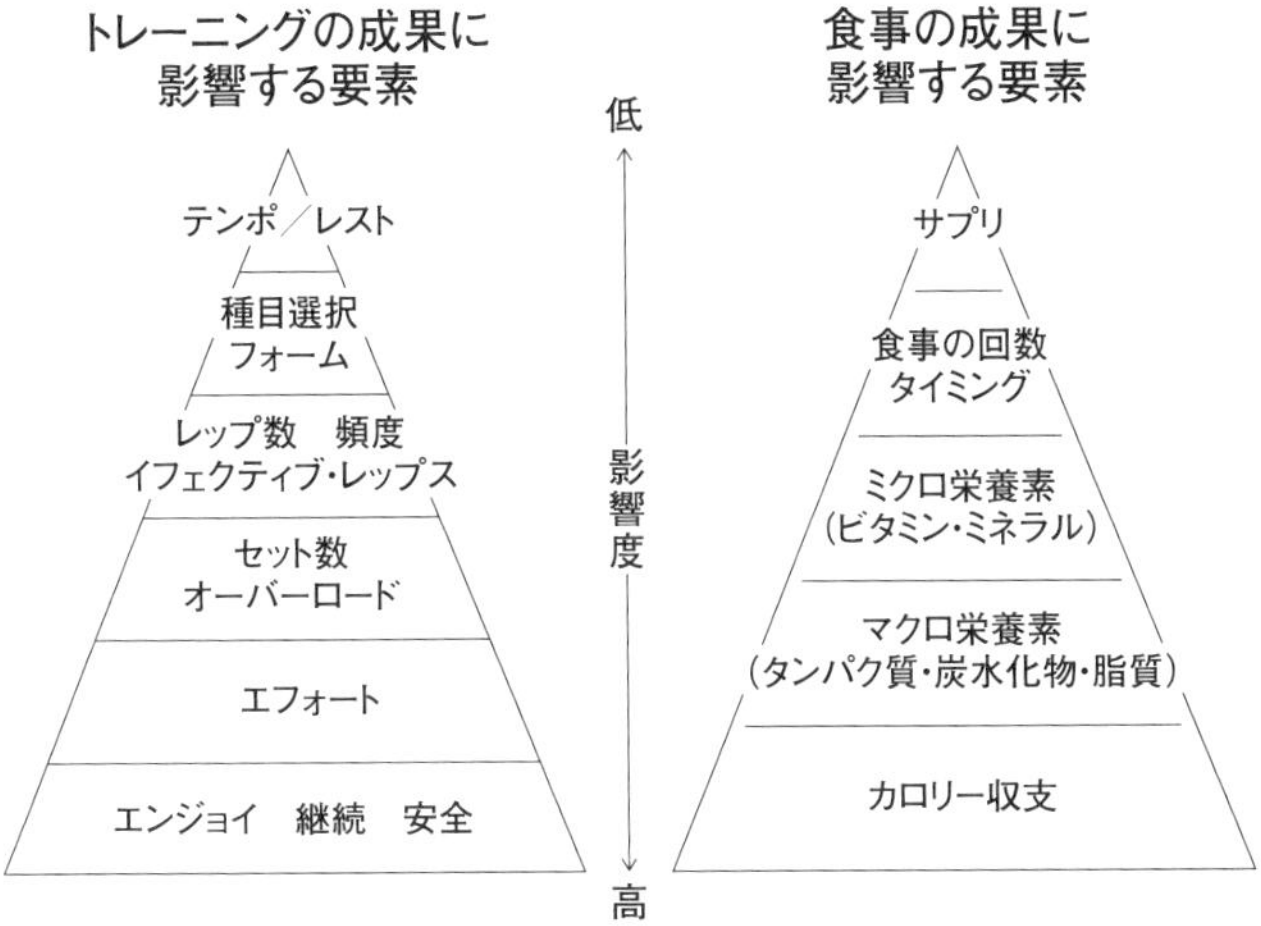

ほしい。内容は極めてシンプルなもので、全く難しい話ではない。

繰り返すが、本書は筋トレ未経験者でも理解できるように作成している。詳しくは第2章（トレーニング理論）と第4章（食事理論）で説明するので、この時点で詳細を理解する必要はない。最終的には全てを理解できる。現時点では「こういう要素が大事なんだな」くらいで大丈夫だ。

このピラミッドは、下にあるものほど成果への影響度が高い重要な要素であることを示している。食事についてであれば、カロリー収支→マクロ栄養素→ミクロ栄養素……の順に適切に摂取できるかが成果に直結しているという意味だ。つまり、十分なカロリーを摂っているかが何より強く影響しており、一方でサプリメントの影響度は低いという意味である。

ちなみに、筋トレやダイエットにおいて「サプリメントが大事だ！」「このサプリが効果的だ！」と強く主張しているのは、単にボディメイクを理解していない人か、サプリメントを売りたい人だけなので注意が必要だ。

ブレット・コントレラス氏は**「きちんと食事を摂れば十分に栄養摂取できるので、サプリメントは不要である」**と発言しているくらいである。筋トレを熟知している上級者やボディビルダーたちが口を揃えて「サプリメントではなく、自然食（リアルフード）が大事だ」と言っているのは、単に科学的な意味合いだけでなく、長年試行錯誤してきた筋トレの経験則から、何が成果につながるかを体感しているからである。

ここまで読んだ方は、筋トレは「この種目を1日5分やれば腹筋がバキバキになる」とか「このサプリを飲むだけで……」みたいなものが、いかに短絡的で馬鹿らしい筋トレ方法であるかを理解しているはずだ。

要するに、筋トレは何か一つを頑張っても成果は得られないということだ。トレーニングと食事の2つが最も重要であるし、睡眠やストレスも想像以上に大事。そして、トレーニングと食事の中でも影響度が高いものを重視することで確実に成果に繋げられる。これがパレートの法則を重視する理由だ。

筋肉の常識12

筋トレには「睡眠」が想像以上に影響する

ここまで読んで、「でも、筋トレに睡眠は大して関係ない気がする。タンパク質の摂取やトレーニングを頑張ればいい」と感じているかもしれない。

しかし、科学的に見ていくと、睡眠が極めて重要であることを理解できる。睡眠は、筋肉の合成、分解、回復、トレーニングパフォーマンスなどに強い影響を与える役割を持つホルモン(体内の命令物質)の分泌量などに影響しているからである。

たとえば、テストステロンは筋肉の合成や回復、脂肪の蓄積に強く関係するが、睡眠不足によってその値は大きく低下する。アメリカスポーツ医学会によれば、**5時間以下の睡**

眠が1週間以上続くと、テストステロン値が10～15％も低下するという。

カリフォルニア大学バークレー校の教授で睡眠のスペシャリストとして知られるマシュー・ウォーカー氏によれば、人間の適切な睡眠は7～9時間であり、男性の場合は睡眠時間が5～6時間となると、テストステロン値は実年齢よりも10歳上回った時点の数値になるという。

テストステロンだけではない、睡眠不足になると、筋肉への栄養の取り込みに直接関係しているインスリン感受性（肝臓や筋肉などの臓器へのインスリンの効きやすさ）が低下する。若い健康な男女に4・5時間の睡眠を4日間続けさせた結果、インスリン感受性が16％も低下したという研究報告もある。これは実年齢よりも10～20年後に相当する数値である。

睡眠不足は健康面にも悪影響を与える。たった1日でも睡眠時間が4～5時間になっただけで、がん細胞を除去しているナチュラルキラー細胞が70％も減り、さらに睡眠時は記憶の整理をしているので、睡眠不足により新しい物事の定着が悪くなり、物忘れが助長される。また、睡眠時に脳内に溜まった悪質なタンパク質（アミロイドβ）を除去しているのでアルツハイマー病になる可能性が上がる。つまり、睡眠不足は高齢者になった際の認知症リスクを上げると考えられるのである。

一方で、睡眠を十分に確保できた場合は、パフォーマンスの向上などの良好な結果をもたらす。スタンフォード大学の研究報告では、1日の睡眠時間を8時間から10時間に数週間延長した結果、サッカー選手は20ヤード（約18ｍ）のスプリントが0・1秒改善し、水泳選手は15ｍのスプリントが0・51秒速くなった。同様にテニス選手やバスケットボール選手もパフォーマンスが向上している。

重要なのは、これらの結果はただ長時間の睡眠を取っただけということだ。**これが「睡眠は一種の合法的なドーピング」と言われる理由である。**最近のスポーツ選手にはパフォーマンスを向上させる目的で長時間の睡眠を取る人が増えている。

レブロン・ジェームズ（バスケットボール選手）、マリア・シャラポア（テニス選手）、ロジャー・フェデラー（テニス選手）、ウサイン・ボルト（陸上選手）などのトップアスリートは1日10時間以上も睡眠を確保しているそうだ。

筋肉の常識13

「サプリメント」の使い方を間違えるな

サプリメントの効果を高く見積もって多額のお金を無駄にしている人や、使い方を間違えている人が大勢いる。まず、サプリメントはステロイドのような劇的な効果がある魔法の薬ではない。そもそも医薬品のような劇的な効果があるなら、それはもうサプリメントではない。

初心者～中級者レベルにとって、サプリメントは「不足しやすい栄養素を補うためのもの」でしかない。後で説明するが、サプリメントは筋肉作りへの影響度が高い3要素（カロリー、マクロ栄養素、ミクロ栄養素）を十分に摂取するために使うものである。最初に紹介したピラミッドの影響度が高い要素である。

たとえば、カロリーを摂取するためにマルトデキストリンなどのサプリメントを使用したり、タンパク質量を確保するためにプロテインパウダーを使用したり、ビタミン・ミネラルの必要量を確保するためにマルチビタミン・ミネラルを使用するといった感じだ。

トレーニング上級者やスポーツ選手の中にサプリメントを積極的に使用している人がいるのは、基本をやり尽くして、その上で少しでもパフォーマンスを上げたいからである。**初心者～中級者であれば、それ以外の細かいサプリメントを使っても大して得るものはない。**これは私だけの主張ではなく、世界中のトレーニング研究者やボディビルダー、筋トレ上級者たちが口を揃えて言っていることだ。私が知る限りで、まともなトレーナーで「サプリメントが重要だ」と主張する人はいない。

いろいろなサプリメントを紹介するような人は、細かい栄養素を紹介することを仕事にしている人やサプリメントをビジネスにしている人ばかりである。皮肉なことにトレーニングをやっていないようなトレーナーほどサプリメントを強く勧めたり、効果の高さを主張している印象だ。筋トレを続けていけば、よく理解できるはずだ。

そもそもサプリメントは、販売者によって効果を誇張されていたり、本来の用途とは違う目的で紹介されていることが多い。自分たちに都合のよい研究のデータなどが用いられていたり、本来の効果とは違う商品として販売されているのだ。

たとえば、日本で人気のある「ＨＭＢサプリ」は実際に得られる効果とは、全く異なるものとして紹介され、さらに効果が誇張されて販売されている代表的なサプリメントである。ＨＭＢは、筋肉を作る効果（筋肉を増やすスイッチを入れる効果）はロイシン、ＢＣＡＡ、ＥＡＡ、プロテインなどの一般的なサプリメントよりも極めて低いが「筋肉を増やしてバキバキになる？サプリ」として販売されている。

しかし、本来の効果は筋肉の分解を止めるというものだ。したがって、明らかにダイエット時の「筋分解防止目的」のサプリであり、実際に海外ではそのように販売されているが、日本では「筋分解防止のサプリ」と宣伝しても売れないので、「筋肉を増やすサプリ」「バキバキになるサプリ」「脂肪を落とすサプリ」「プロテインの20倍の効果のあるサプリ」として販売されている。

とにかく私が伝えたいのは、サプリメントに過度な期待をするなということ。１００ｍ走の追い風のようなものであくまでおまけ。使うにしても効果を誇張されたり、本来の目的とは違うものとして販売されているので、使用目的を間違えないこと。

細かいサプリにお金を掛けるなら、パーソナルトレーニングや質の高い寝具を購入して、睡眠の質を高める方が圧倒的に有益だと断言できる。せっかくお金を使うのであれば、価値あるものに使った方がよい。

第2章

フィッシャーマン式トレーニング理論

1 成果に直結するトレーニングピラミッド

ここまで、筋トレの成果には「トレーニング、食事、睡眠、ストレス」の4つの要素が強く影響することを説明してきた。まだ「ジムで必死にトレーニングをやれば筋肉が増える」なんて思っているのであれば、第1章を再度読み直してほしい。

第2章ではトレーニングの具体的な筋トレ理論について解説していく。どの種目を、どの程度、どのくらいの頻度でやれば、筋トレとして成り立つのか。そして、トレーニングを効率的に行う方法なども紹介していく。

ただし、**ここで紹介することを完璧にやる必要はない。多少は間違った方法でも何の問題もない**ので、優先順位の高いものをピックアップして、トレーニングを継続しながら徐々に最適なものに近づけていくのがよい方法だ。

このピラミッドは、第1章で紹介したトレーニングの根本となる重要な設計図だ。これ

トレーニングの成果に影響する要素

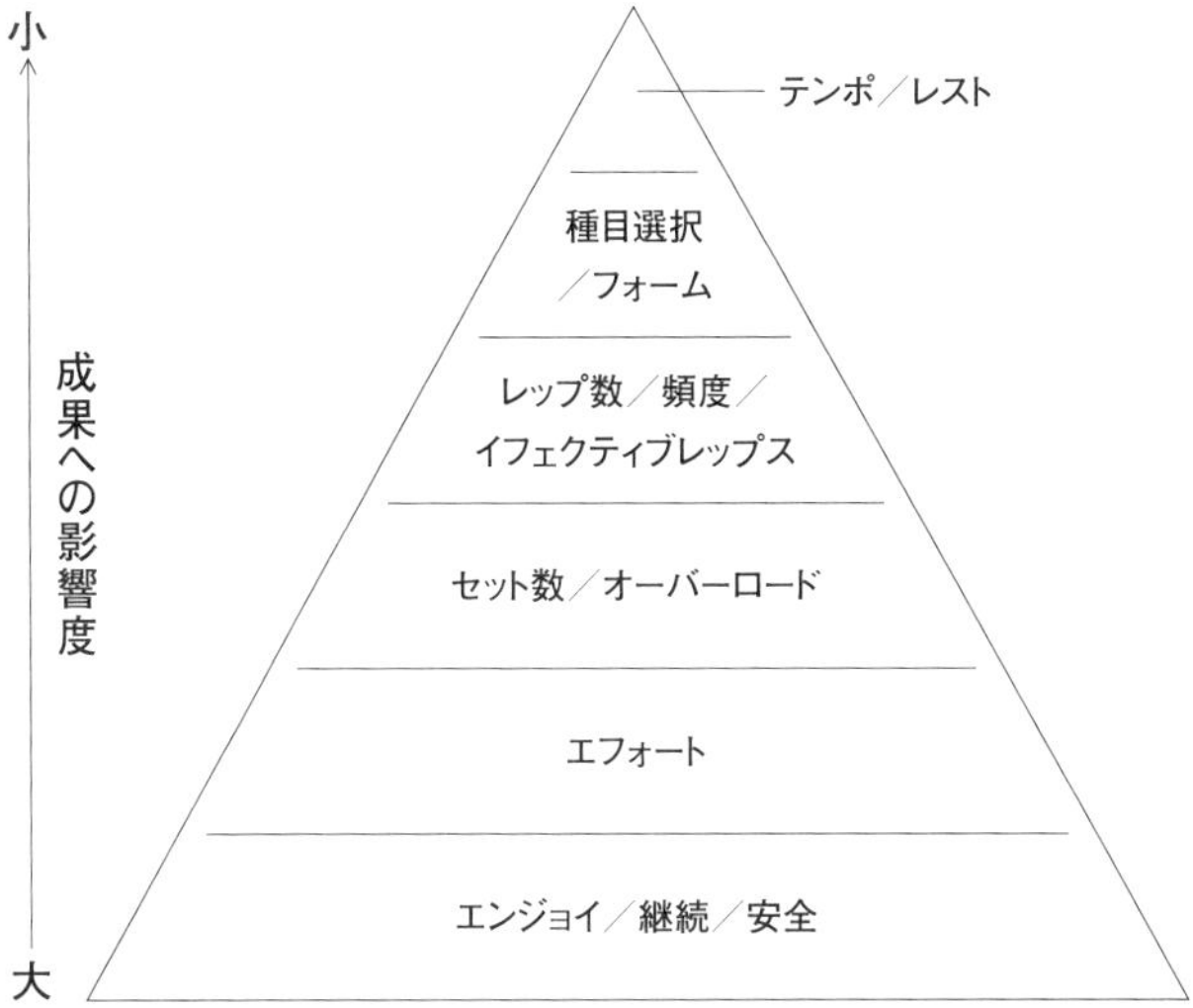

まで感覚的にしか説明されてこなかった、トレーニングの成果に何の影響度が高く、何が優先するべき要素なのかを表したものである。

エフォート(effort)など、日本のフィットネス界では全く紹介されていない言葉は一部あるが、シンプルで極めて基礎的なトレーニング理論だけで構成されている。この章でピラミッドを構成する各要素を丁寧に説明していくので安心してほしい。

また、最初は説明を読んでも「本当にこの要素が重要なのか？」と疑問に思うかもしれないが、筋トレを続けていけば、この優先順位が正しいことが肌感覚でわかる。中級者以上になれば「ここまで明確に示されたものはない」と納得するはずである。

筋トレで筋肉が増える根本的な理由

筋肉が増えるメカニズムの根本は、**筋肉の「環境への適応」**だ。「ちょっと意味わかりません」という声が聞こえてきそうだが、トレーニングでは「適応」のイメージを持てるかが極めて重要である。

「適応」という語を難しく感じるかもしれないが、意味は単純。引っ越し屋やとび職で働く人の腕が太い理由と言えば理解できるだろうか。彼らの腕は最初から太かったわけではなく、タンスや鉄パイプなどの重いものを毎日扱っていく中で、次第にその負荷に釣り合うように筋肉が変化した。最初は筋肉痛になるし疲労もするが、続けていると筋肉が発達して慣れてくる。これが「筋肉が環境に適応した」ということである。

人間の体は外界の環境に順応するように上手くできている。40 kgのタンスを持ち上げている人は40 kgを上げる能力を持つ筋肉になり、20 kgの鉄パイプを持ち上げている人は20 kg分の筋肉になるように変化する。

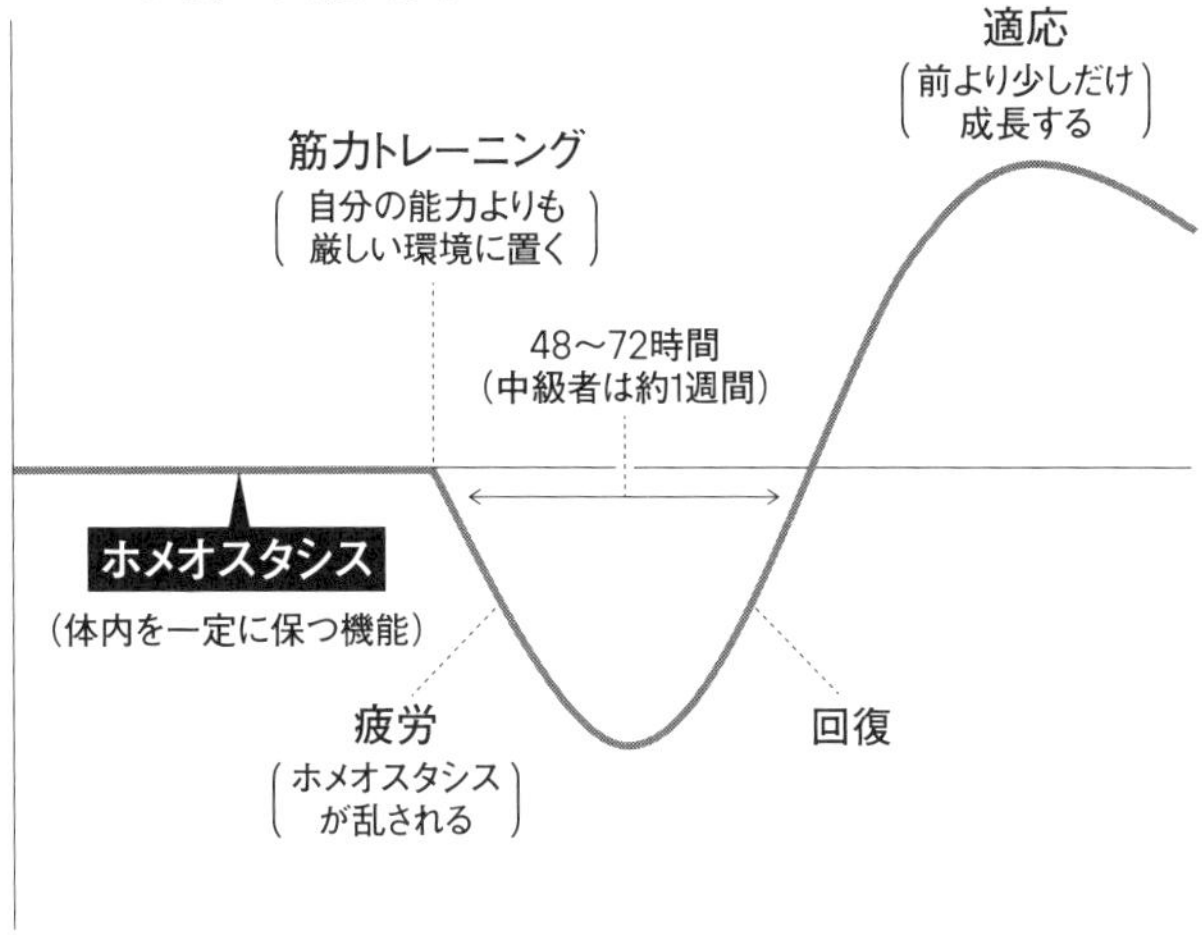

これを人為的にやるのが筋トレだ。ダンベル5kgを8回上げる人は、5kg×8回を上げられる筋肉になるし、ダンベル10kg×12回を上げる人は、10kg×12回の筋肉になる。当たり前と思うだろうが、筋トレではこのイメージを持つことがとにかく大事である。

つまり、筋肉を継続的に成長させるためには、今の筋肉の能力よりも「少しだけ」厳しい環境を与えること（オーバーロードイベント）を何度も何度も繰り返すだけである。

「少しだけ」というのは、1回のトレーニング後に増える筋肉量には上限があるからだ。一度に多くの刺激を与えるほど、多くの筋肉が増えるわけではない。つまり、自分の筋肉がレベル10であれば、レベル11のトレーニングをやるイメージ。ベンチプレス40kgを上げられる人が挑戦するのは100kgではなく、45kgということだ。

しかしながら、我々人間には身体の内部環境を一定に保とうとするホメオスタシスという機能が備わっている。したがって、**トレーニングでは「能力以上の環境に取り組むチャレンジ精神」を持つことが極めて重要となる。**これを専門用語で「**エフォート（effort）**」と言う。日本語でふさわしい筋トレ用語がないので、そのまま記載しているが、effortは直訳すると「努力」や「奮闘」という意味になる。これがピラミッドの下から2段目を構成する重要な要素だ。

これを何度も繰り返して、筋肉を継続的に成長させていくことを「**プログレッシブ・オーバーロード（漸進性過負荷の原則）**」と呼ぶ。トレーニングの原理原則として世界中に浸透している理論だ。

まとめると、「筋トレ（オーバーロードイベント）→ホメオスタシスが乱れる→疲労する→回復する（初心者の場合は約48〜72時間）→適応（筋肉が成長）」という一連の流れを何回も繰り返すのが筋トレだということ。

筋肉の成長のイメージ

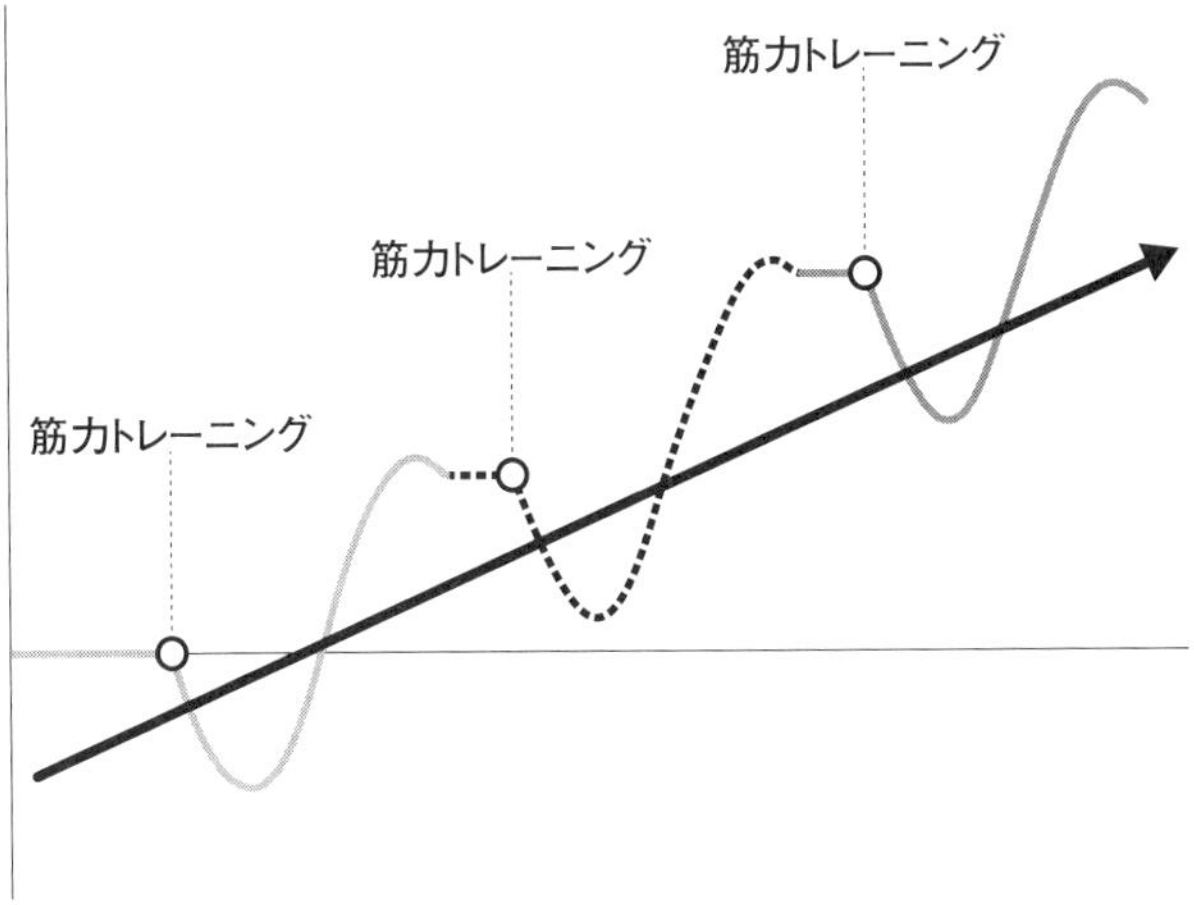

また、中級者〜上級者と進み、トレーニング量が増えた結果、回復に必要な時間は長くなる。これが初心者の成長が早く、中級者や上級者の成長が遅くなる根本的な理由である。

ちなみに、筋トレの後に、適度な疲労を感じることは悪いことではなく、筋肉が成長している証拠となる。

これで筋トレが筋肉を増やす本質をイメージできるようになったはずだ。

次に初心者にありがちな間違ったトレーニング方法を説明していく。この本質を理解しただけで、次の項で紹介する間違った筋トレ方法について直感的に理解できるだろう。

2 やってはいけない筋トレ4つの間違い

この項では、初心者にありがちな、筋トレの間違いを4つ紹介していく。具体的なトレーニング理論を知る前に「よくあるミス」を理解しておくことで、間違ったトレーニングで時間とお金を無駄にすることを防ぐことができる。

筋トレの間違い1

筋繊維を破壊するために激しい筋トレをやる

筋肉が成長する主な要因は「速筋繊維に張力が加わること」である。トレーニングで筋繊維を損傷させることが筋肉を成長させる主な要因だと思っている人が多いが、間違いなので気をつけてほしい。

専門的に言えば、「メカニカルストレス（物理的刺激）」という張力による刺激が速筋繊維に加わることが、最も筋成長に貢献している。激しいトレーニングによって筋肉が成長するのは、筋繊維が破壊されたからではなく、速筋繊維にメカニカルストレスが加わることが理由である。

初心者〜中級者レベルには、筋肉を破壊するようなコンセプトの筋トレは無駄と思って差し支えない、というよりマイナスになる。なぜなら、多くの場合は、怪我、ひどい筋肉痛、回復に長期間を要するからである。回復が長くなるほど、トレーニング頻度は落ちるので、成長は遅くなる。それに一度に上限を超えた刺激を筋肉に与えたところで、筋肉は多く増えるわけではないし、筋肉痛に筋肉を成長させる効果はない。

また、軽いウエイトを高回数やって「パンプさせる」トレーニングも人気だが、効果は低い。トレーニング研究者のブレット・コントレラス氏は「パンプは過大評価されたトレーニング」とはっきりと言っている。「パンプ」とは、反復回数を多くやるトレーニングで、筋肉内に疲労代謝物質を蓄積させて、血液から水分が引き込まれて筋肉が膨れ上がる（パンプする）ことを指す用語である。

このような非効率なトレーニング方法が効果的だと勘違いされている背景は、フィットネス界の根深い問題があるが、とにかく、ここでは**「筋肉を成長させるためには速筋繊維を使うトレーニングをする」**と覚えておけばよい。また、速筋繊維が使われる条件については、121ページの「イフェクティブ・レップス」で解説する。

筋トレの間違い2

自重トレーニングだけで筋肉を成長させようとする

私は、自重トレーニーの方を強く非難するつもりはない。ただ、理解すべきなのは、**「筋肉を継続的に増やしたいなら、自重トレーニングだけに縛るのは科学的には全く効率的な選択肢ではない」**ということである。たとえるなら、「東京から大阪まで徒歩で移動するのが自重トレ縛りの筋トレで、車で行くのがウエイトトレーニング」ぐらいの大きな違

ウエイトトレーニングと自重トレーニングの筋肉の成長イメージ

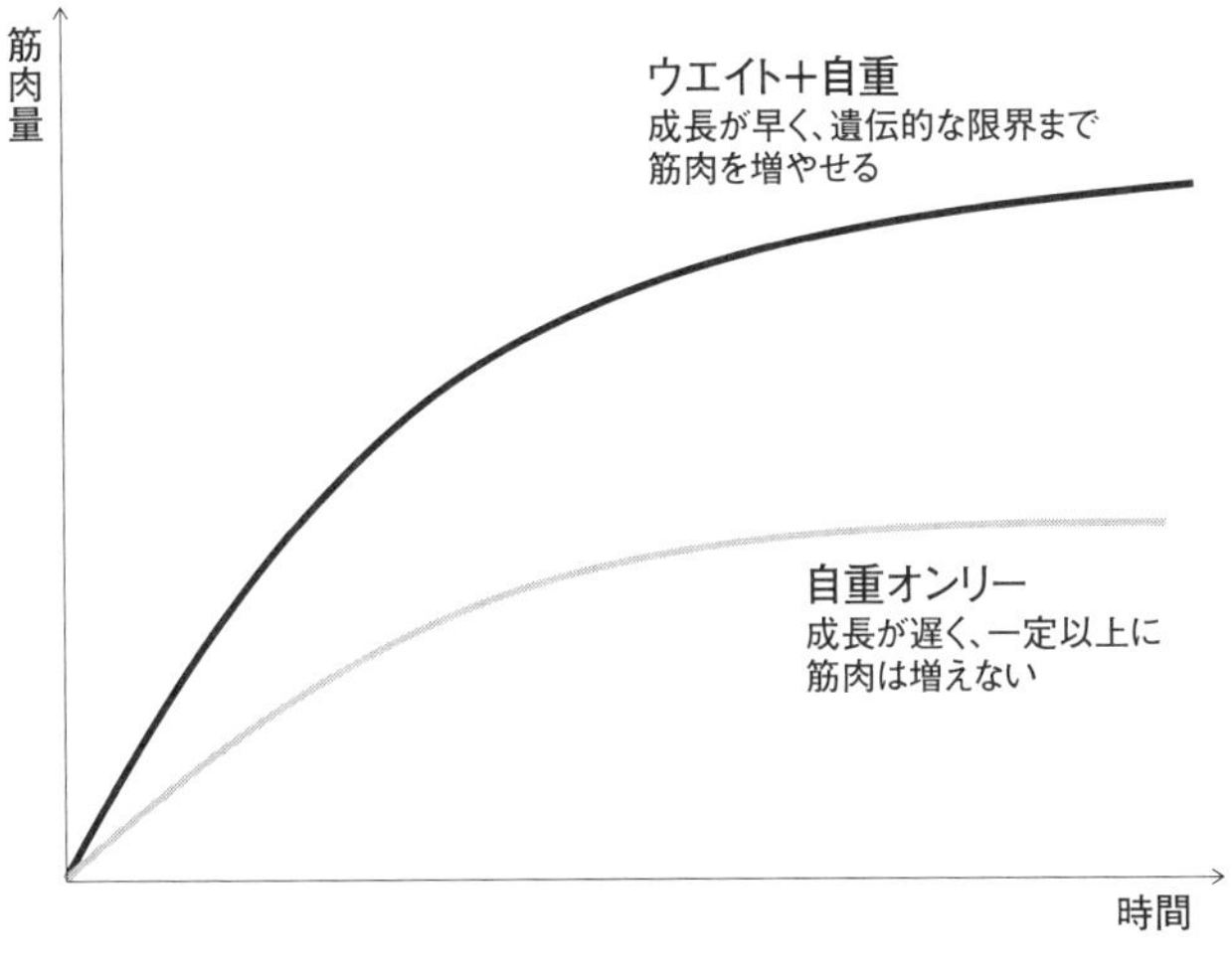

いが両者にはある。

もちろん、自重トレーニングの全種目を否定しているわけではない。あくまで「自重トレに縛る方法はやめておけ」と言っているのだ。筋肉を増やしたいのであれば、自重とウエイトの両方をやるのが世界の常識。わざわざ自重トレだけに方法を絞って、非効率的な道に進む理由はない。

ネットや一部の書籍では、初心者に喜ばれるからと「マット1枚でやる自重トレで十分に筋肉が増える」というような主張も多い。しかし、はっきり言ってそれらは半分嘘である。そもそも、自重トレだけで肉体改造できるのであれば、シビアな世界に生きるプロアスリートはウエイトトレーニングではなく、自重トレを選択しているはずだ。

なぜ、自重トレだけでは筋肉は増えにくいのか

とはいえ、自重トレ縛りの方法でも筋肉は増えないことはない。筋肉を増やすための4つの必須要素を満たしているからだ。少し専門的な話になるが、4つとは、①1RMの30%以上の負荷、②イフェクティブ・レップス（各セット限界手前の5回）があること、③オーバーロードしていること、④一定以上の週間セット数（MEV）である。

しかし、「それなら自重トレだけをやればいいや」と勘違いしてはいけない。これはあくまで「一度のトレーニングで筋肉が増える」というだけで、「継続的に増やせる」という視点とは異なる。

前述の通り、継続的に筋肉を増やすためには、継続的な負荷の増加が必須だ。今日のトレーニングで10kgのダンベルを使ったら、次は11kgに、その次は12kgに……というように段階的に負荷を増やしていかなければ、継続的に筋肉を増やせなくなる。自重トレでは、姿勢を変えて多少は強度を上げられるが、それには限度があるので、反復回数のみしか増

やせない。

そして、**最大の問題点は強度が弱いため筋力の向上があまり見込めないことである。**実はこれが自重トレの効果を薄めている最大の要因と言える。筋力が上がらないと扱える負荷が増えない。だから、自重トレオンリーを選択すると、ウエイトトレーニングを選択した人とは、差がみるみる広がっていくのである。

実際に、何年も自重トレに必死に取り組んでいる人よりも、ウエイトトレーニングに短期間取り組んだ人の方が筋肉量は多くなっている。私が見てきた感覚では、自重トレの成長速度はウエイトトレよりも約3～4倍ほど遅く、数年必死に取り組んでやっと細マッチョに到達し、それが上限といった感じである。

私の場合、初心者から1年経過した時点の筋肉量は、FFMI（除脂肪体重［kg］÷身長［m］÷身長［m］で計算される数字）が23だった。FFMIはBMIの筋肉版のような数値で、身長あたりの除脂肪体重を表した数値だ。

一般人が約17～19程度、筋トレしている人であれば、19～23くらいの範囲に大半の人が収まり、ドーピング検査のある大会の日本トップクラスのボディビルダーでは約25～26の数字になる。

もちろん、私よりも筋肉が増えやすい体質を持つ人は大勢いるだろうが、器具なし自重トレのような方法で、この数値を超えているトレーニーを知らない。つまり、5〜10年と継続的に自重トレに取り組む人でさえ、たった1年ウエイトトレーニングをやった人に追い抜かれる可能性があるということだ。

成長速度が遅いということは、それだけ時間とお金を失うことでもある。「道具やジム代のかからない自重トレの方が安く済む」という考えは単に初期費用だけの話で、食事代は同等にかかることを考えると、**細マッチョ以上を目指すなら、自重トレの方が時間だけではなく、お金も明らかに高くつく。**

だから、さっさとウエイトトレーニングを始めて、筋肉を増やしてしまった方がいい。たまに「自分はマッチョなど目指していないので、ウエイトトレーニングはやりません」と言う人がいるが、それも間違い。自重トレは効果が低いので、必死に何年もやってやっと到達するのが細マッチョなのである。

どの方法を選択しようが「ガリ→普通→細マッチョ→マッチョ→ゴリマッチョ」という成長プロセスを辿る。自分の体型に満足した時点で、筋肉を増やすことを止めればよいだけだ。

自重トレーニング

メリット	場所と時間が自由 怪我の危険性が少ない 健康目的や気分転換の手軽な筋トレとして◎ 高齢者や運動経験が少ない女性に◎ 初期費用が一切ない
デメリット	鍛えにくい筋肉がある 強度の調節が難しい 強度が弱い 息が上がるのできつい 一定以上の筋肉量にならない 筋力の向上が難しい 筋肉が増える速度が遅い

ウエイトトレーニング

メリット	バリエーションが豊富 強度を自分に合ったものに調節できる 限界まで追い込む必要がない ターゲットの筋肉に効かせるのが簡単 難易度が低い 筋力の向上が見込める 筋肉が増える速度が早い
デメリット	フリーウエイトの場合、突発的な怪我の危険がある 自宅トレーニングの場合、初期投資が必要 ジムの場合、6000円〜10000円／月の費用がかかる ジムの場合、移動するために時間がかかる ジムの場合、他人の視線や雰囲気が気になる

繰り返すが、私は自重トレそのものを否定しているわけではない。「筋肉を増やしていい体になる、という目的に自重トレオンリーは非効率だ」と言っているだけである。**自重とウエイト、両者の良さは別物だ。自分の目的に合った方法を選択してほしい。**

自宅でやる手軽な健康エクササイズとしては、自重トレはおすすめだ。自重トレは高齢者や運動経験が少ない女性向け、気分転換の筋トレとしては優れた方法であるし、ウエイトトレーニングに恐怖を感じたり、合わない場合には、自重トレから始めるのは別に悪い選択ではない。

「ウエイトトレが自重トレよりも難しい」は幻想

「いきなりウエイトトレーニングは難しそう」と身構えている読者は多いかもしれない。たしかに一般論では、ウエイトトレは難しく、自重トレの方が簡単と認識されている。だが、それは完全な間違いだ。ウエイトトレ自体が多くの人にとって未経験なので、馴染みのある自重トレが簡単に感じているだけだ。

健康維持が目的であれば、まずは自重トレから始めるのは悪い選択ではない。しかし、

「筋肉を増やしたい」「かっこいい体になりたい」のであれば、ウエイトトレーニングの方が圧倒的に楽で簡単だ。それは筋肉が大きくなる条件と照らし合わせると、よく理解できる。

まず、ウエイトトレは自重トレと違って自分のレベルに合わせて強度を自由に調節できる。さらに器具を使うため、「ターゲットの筋肉に負荷を乗せる」という筋トレの基本の実践が容易になる。そのうえ、ウエイトトレは反復回数が少なくて済むので息も上がらず、一度にたくさんの筋肉をまとめて鍛えられ、トレーニング時間も短い。

筋肉を大きくするには、限界近くまで追い込むことが必須(イフェクディブレップス理論)なので、強度が弱く必然的に反復回数が多くなる自重トレはハードで精神的にもきつくなる。「自重トレオンリーで筋肉が大きく増える」のような、メディアやネットの情報をうのみにして、あなたの貴重な時間とお金を無駄にしないでほしい。

筋トレの間違い3

負荷を増やすためにトレーニングフォームを疎かにする

「筋肉に継続的に厳しい環境を与えるオーバーロードが重要」と聞いて、「とにかく負荷を上げればいいんだろ」とフォームを無視して高重量にチャレンジして反動で持ち上げようとする人がいる。しかし、負荷はただ増やせばよいものではない。あくまで**「適切なフォーム」で負荷を増やすこと**が、筋肉の発達につながる。

だから、筋トレ上級者たちはフォームを非常に重視している。有名なアメリカ人トレーナーのクリス・アセート氏は「初心者はフォームの習得に4〜6ヶ月（最大で12ヶ月）は要する」と主張しているくらいだ。4ヶ月以上もフォーム練習をするというのは現実的ではないが、筋トレ初心者が思っている以上にフォームを覚える作業は重要である。

ジムに行くと明らかに体格に合わない高重量のウエイトを扱って、反動を使いながら狭い可動域でトレーニングをしている人がいるが、反動を使って無理やり重いウエイトを上げたとしても、自己満足だけで筋肉の成長につながることはあまりない。

時々、どの程度の重量のウエイトを1回上げられるのか試してみるのはよいが、毎回それをやっていてはトレーニングにならない。今すぐにやめるべきだ。筋肉を鍛えられないだけではなく、怪我をする可能性が高い。

軽いウエイトを扱うことは何も恥ずかしいことではないので、見栄を張って重いウエイトを使う必要はない。それよりもジムで周りの目を気にする必要はなく、自分に合ったウエイトを使用して、適切なフォームでトレーニングしている方がカッコいい。

ある程度のトレーニング歴があれば、体型、フォーム、ウエイトの重さを見て、初心者が見栄を張ったウエイトを扱っているのは一瞬でわかる。何よりジムでの貴重な時間を無駄にするのはもったいないので、自分のトレーニングに集中しよう。

筋トレの間違い4

上級者やステロイダーのトレーニング方法を参考にする

実際にやるべき筋トレは初心者と上級者では別物だ。もの凄い筋肉をした人がやるトレーニングは効果も高いと思う気持ちは理解できるが、**最も効果的な筋トレは「自分のレベルに合った方法」だ。**

何度も繰り返すが、筋肉を大きくするためには自分の筋肉の能力よりも少しだけ厳しい環境を与えることである。仮にレベル10の人が、レベル80の上級者のトレーニングを真似しても、レベル11にしかなれない。

初心者にとって強すぎるトレーニング刺激は、必要以上に筋肉を痛めつけて、ひどい筋肉痛や最悪の場合は怪我を招く。筋トレでは一度にジャンプアップはできないので、コツコツと継続する以外にないのだ。これが継続以上に重要な理論は存在しない理由である。

上級者が「基本の型」を崩したような特殊なトレーニングをやるのは、長年のトレーニ

筋肉量の増加とトレーニングの複雑さのイメージ

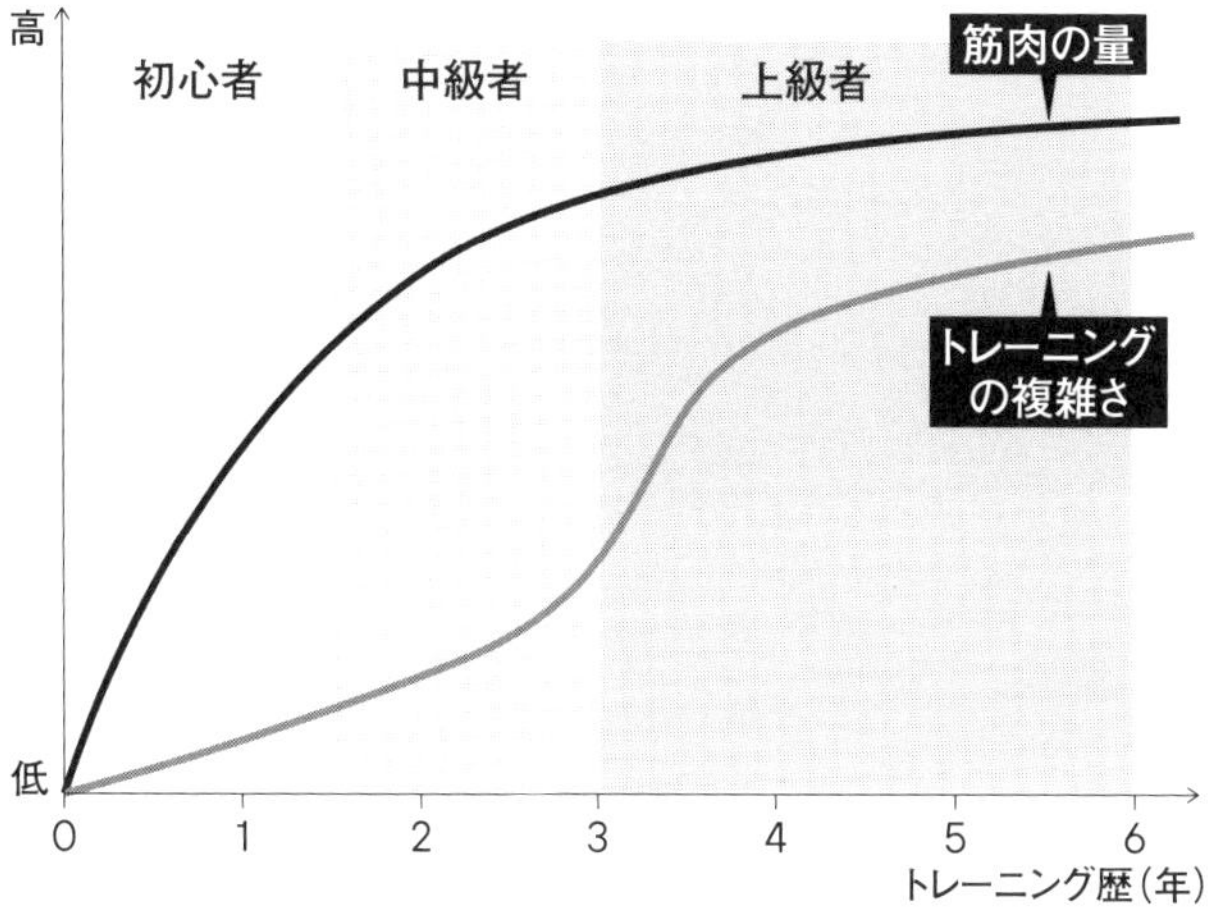

ングの末、もう一般的な筋トレだけでは、筋肉に刺激を与えることが難しいからである。さらに、自分の骨格などに合った種目やフォームを試行錯誤して発見し、トレーニングをオーダーメイドしているからだ。初心者〜中級者レベルであれば、誰がやってもそれなりに成果が出る基本の型をやり込むこと以上の近道はない。

ステロイダーとナチュラルの筋トレは別物

一方で、ステロイダーは異なる理由で参考にならない。「ステロイダー」というのは、筋肉増強剤(アナボリックステロイド)を使用して筋トレに取り組むトレーニーの総称である。逆にステロイドを使用しないトレーニーのことを「ナチュラル（トレーニー）」と呼ぶ。

ここでステロイドの使用の是非を議論するつもりはないが、あなたが理解すべきことは、ステロイダーとナチュラルの筋トレは異なるということである。ドーピングが広まっている欧米圏では、ステロイダーとナチュラルの筋トレは別物として扱われることが多い。

具体的な違いは、ステロイダーの場合、トレーニング後の筋合成の上昇が長時間続く（通常は36〜48時間程度）、回復が早くなる、増える筋肉量が多いのでタンパク質が大量に必要になる、体脂肪を減らしながら筋肉を増やせるなどだ。

結果、ナチュラルとステロイダーの筋トレ方法は、トレーニング量、トレーニングプログラム、回数、頻度、食事などのあらゆる面で異なる部分がある。唯一の共通点は「トレーニングフォームだけ」である。

もしかすると、あなたもステロイドを使用して、楽に筋肉を増やしたいと思っているかもしれない。だが、私は反対する。なぜなら、ステロイドの費用が高いことに加えて、筋肉を増やすという目的に対して副作用のリスクが大きすぎるからである。

ステロイドには脳機能の低下（記憶力、空間認知能力など）、不妊、心筋症のリスクの増加というような健康被害が出ることがわかっている。

そのうえ、最悪の場合は死に至る可能性もある。ドーピングに失敗して病院に救急搬送されて死亡した例もある。筋肉のために死ぬなんて馬鹿な話はない。ナチュラルでも、あなたが十分に満足できるレベルの筋肉は作れるのだから、楽をして筋肉を付けるために高い代償を支払う必要はないのである。

3

最短で結果を出す15の筋トレ理論

ここからは筋トレピラミッドの各要素を一つひとつ説明していく。理解が難しい場合は読み飛ばしてかまわない。また、最初に具体的なトレーニング方法を知りたい人は第3章までスキップして、トレーニングを実践しながら理論を理解してもよいだろう。

筋トレ理論1

継続のためのエンジョイと怪我予防

筋トレで成果が出ない一番の原因は、筋肉の成長途中でやめてしまうことだ。日本のフィットネスジムの1年間の継続率は、わずか10％程度。幽霊会員を含めれば、実際は5％

以下と推測される。ということは、**想像以上に筋トレの継続は困難なのである。**あなたが筋トレを続けるためには、まずは「継続はできないことが当たり前」と自覚することが肝心だ。ここではトレーニングを継続する方法を解説していく。筋トレ全体を継続するためのコンディショニングは第5章で説明する。

トレーニングを継続するための2つの要素

継続のために、最も必要な要素は「楽しむこと」「怪我をしないこと」だ。だから、私はピラミッド(次ページ)の継続の両側にこの2つ(エンジョイ、安全)を記載した。

①成果が出るから「エンジョイ」できる

本書の読者の中には、「筋トレは苦痛で疲れるもの」なので、「楽しむ」という感覚がわからない人も多いだろう。ジムの右も左もわからないし、怖いし、特に目標もないし、と取り組むモチベーションが少ない人も多いだろう。

だが、全く気にする必要はない。最初は「いい体になったらいいいな〜」程度のモチベー

トレーニングの成果に影響する要素

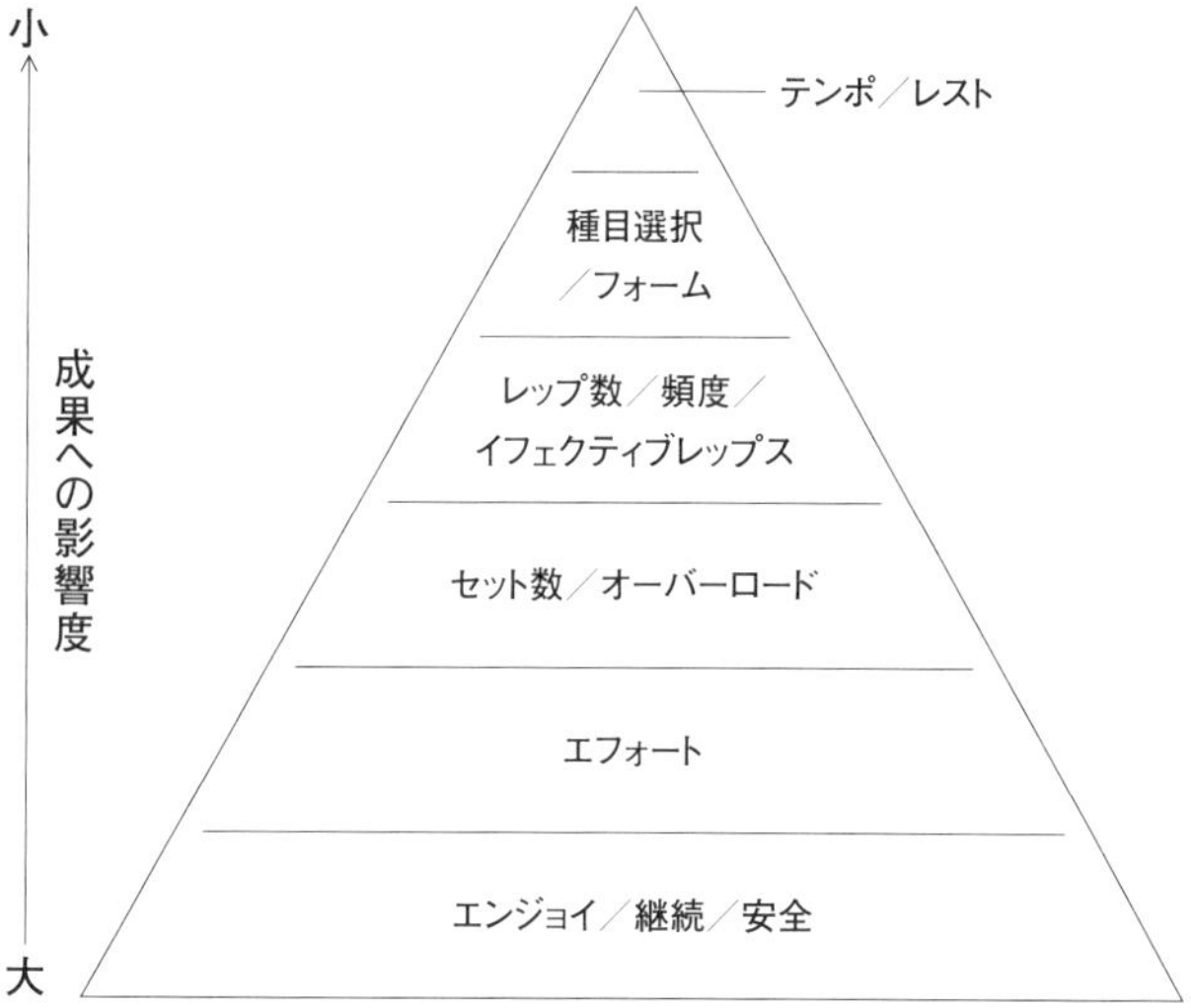

ションで始めても、筋肉が付き始めたり、トレーニング種目が上手くできたりと成長を感じる場面が多くなれば、自然と楽しくなってくるからだ。筋トレでは、成長や成果を感じた瞬間に「エンジョイ」を感じることができる。

人間は成長や成果があるものを好きになる。幼少期にスポーツが得意な人はスポーツが好きになる傾向にあるし、勉強が苦手なら勉強を嫌いになる。「好きこそ物の上手なれ」という言葉があるが、実際はその逆だ。「得意だから好きになる」というパターンの方が圧倒的に多い。

私も筋トレを始めた当初は、別に楽しくもなんともなかったが、体に次第に変化が出るにつれて楽しくなってきた。まずは騙されたと思って最低3～4ヶ月は継続すること。

個人差はあるが、筋肉が付いてきたり、扱えるウエイトが増えたりと、実感できる明らかな変化が訪れる。成果が出れば、筋トレが楽しくなる。楽しくなれば、勝手に継続できるようになる。このようにして自分を駆り立てる仕組みを知っておけば、継続という困難な壁を越えることができる。

②怪我をなるべく避ける

怪我は継続を拒む最大要因だ。「ジムに通い始めた初心者が腰を傷めて退会した」「筋トレ上級者が怪我をして長期間ドクターストップになった」——このようなことが頻発している。「筋トレには怪我は付き物」と耳にしたことがあるかもしれないが、事実、長期的に筋トレに取り組んでいれば誰もが一度は怪我を経験する。特に怪我を無視して騙し騙し続けると、慢性化して長期間の休養を余儀なくされるので注意が必要だ。

しかし、**きちんと対策をすれば、大半の怪我は防止できる。**怪我のパターンは主に2種類。突発的な事故と関節靱帯へ慢性的にダメージが蓄積するパターンの怪我である。突発的な事故はベンチプレスで首が潰されたり、スクワットでバランスを崩して倒れたりするもので、フリーウエイトのトレーニング中に多い。ただし、これらは少数派だ。大怪我の危険性があるので誰もが気をつけているし、セーフティーバーなどの安全確認ができていれば未然に防ぐことができる。

最も多いパターンは関節靱帯へのダメージの蓄積による怪我である。特に初心者の場合はフォームが定まっていないので、関節靱帯に想像以上の負荷がかかっている。そして、多少の痛みがあっても「大丈夫だろう……」と続けていると、気がついた時には最初は小さかった怪我が慢性化している。

この怪我を防ぐには、筋肉痛以外の痛みに敏感になること。トレーニング中に関節や靱帯などに痛みを感じた場合は、我慢するのではなく都度フォームを見直すことが必要になる。痛みを感じるということはフォームが間違っている証拠だからだ。

特に怪我をしやすいポイントは、手首、肘、肩、腰だ。このあたりに痛みが生じた場合は、要注意となる。私の場合、筋トレを開始して半年ほど経過した時に、気がついたら右手首を怪我していた。トレーニングを中断せざるを得ず、１ヶ月以上満足なトレーニングができなかった。

やる気が出ない時の「5分だけ法」

モチベーションを上げるための有効な手段は「ジムに行くこと」である。仕事が終わり、やる気がない時こそ、余計なことを考えずに「5分だけやろうかな～」とジムに向かう。これが「5分だけ法」である。私も愛用しているモチベーションテクニックで、私のフォロワーでも大勢がその効果を実感している。

ふざけた方法に思えるかもしれないが、これは「作業興奮」という脳の基本的な性質を使った科学的なメソッドである。脳科学では「やる気がある→行動する」というより「行動する→やる気になる」というのが常識だ。あなたも勉強や仕事をやる前は億劫だったが、一度始めてしまえば、なぜか自然とやる気になった経験は何度もあるはずだ。要はジムに行ってしまえば自然とやる気が出て、誰でも60分間の筋トレをして帰宅するのである。

ただ、トレーニングを開始してもなぜか体が重くてやる気が出ないことがある。その場合は、オーバートレーニングやオーバーリーチングと呼ばれる、疲労過多の状態の可能性があるので、トレーニングよりも休息を優先してほしい。汗を流すだけでなく適度に体を休めることも筋トレである。

筋トレ理論2

各筋肉は週2~3回のトレーニング頻度で鍛える

せっかくジムに入会しているのに、適切な頻度でトレーニングできていない人は多い。では、週に何回トレーニングをすれば、最も効率的に筋肉を増やせるのだろうか。

結論から言えば、**初心者であれば最低でも週に1回、理想は「各筋肉を中1~2日で週2~3回」**が最も効果的だ。あくまで「各筋肉」であることは注意してほしい。

想像よりも多く感じるかもしれないが、神経系の疲労回復、トレーニング後の適応までの時間、トレーニング後に筋肉の合成量が上昇する時間などの複数の要因を考慮すると、この頻度が最も効果的と言える。

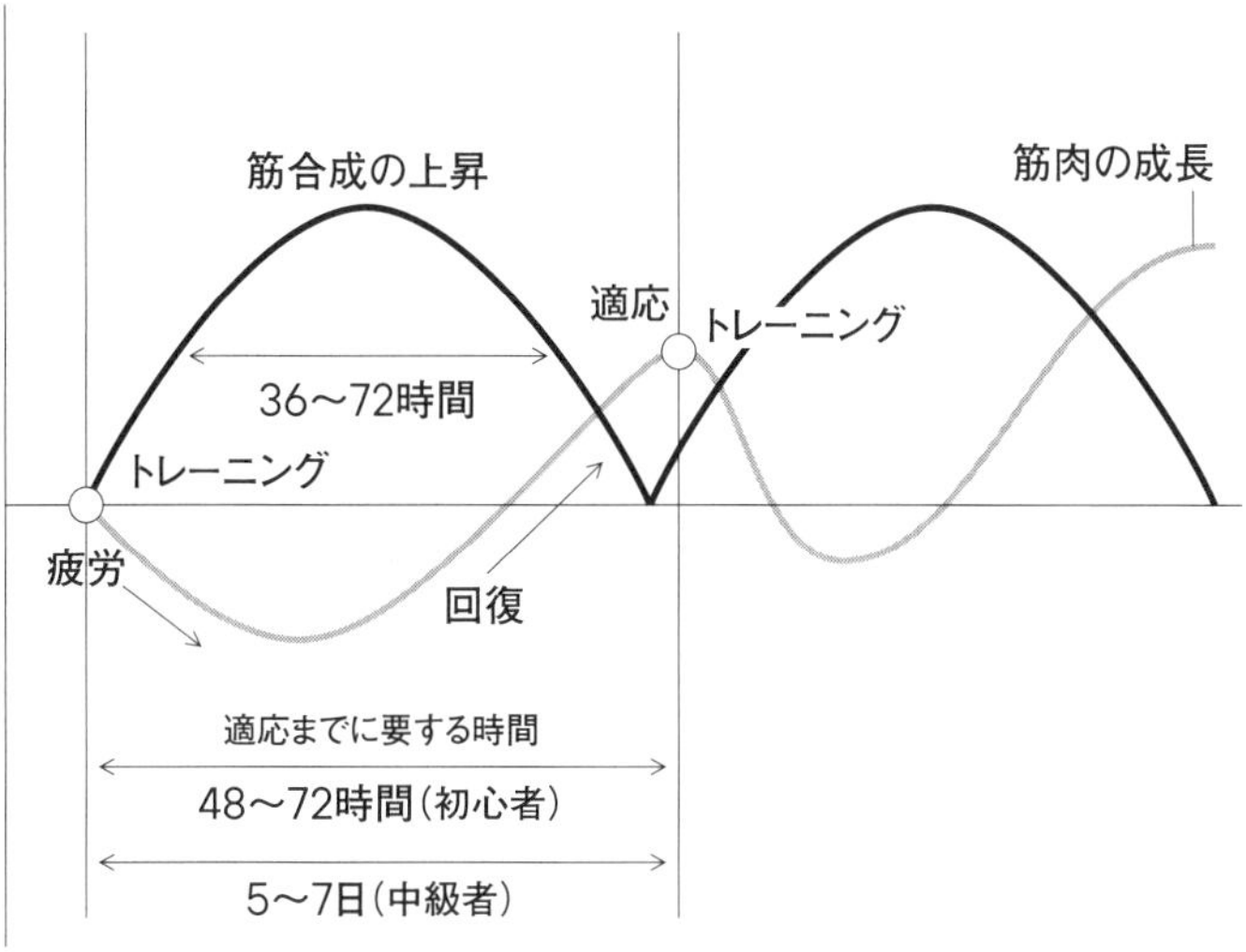

理論的に説明していくと、筋合成の上昇はトレーニング後に少なくとも約36〜48時間以上は続き、72時間ほどで元の状態に戻る。また、トレーニングで受けた刺激に筋肉が適応するのに必要な時間（筋肉が強くなるのにかかる時間）は、初心者の場合で48〜72時間ほどとなる。

したがって、世界中で取り組まれている初心者向けのトレーニングプログラムも、各筋肉を週に2〜3回鍛える全身トレーニングプログラムが主流となっている。中級者は筋肉量が増えて回復に時間がかかるので、各筋肉を週2回鍛える「3分割トレーニング」が主流だ。

実際に週1回と週2〜3回の頻度を比較

トレーニング頻度と筋肉の成長との関係

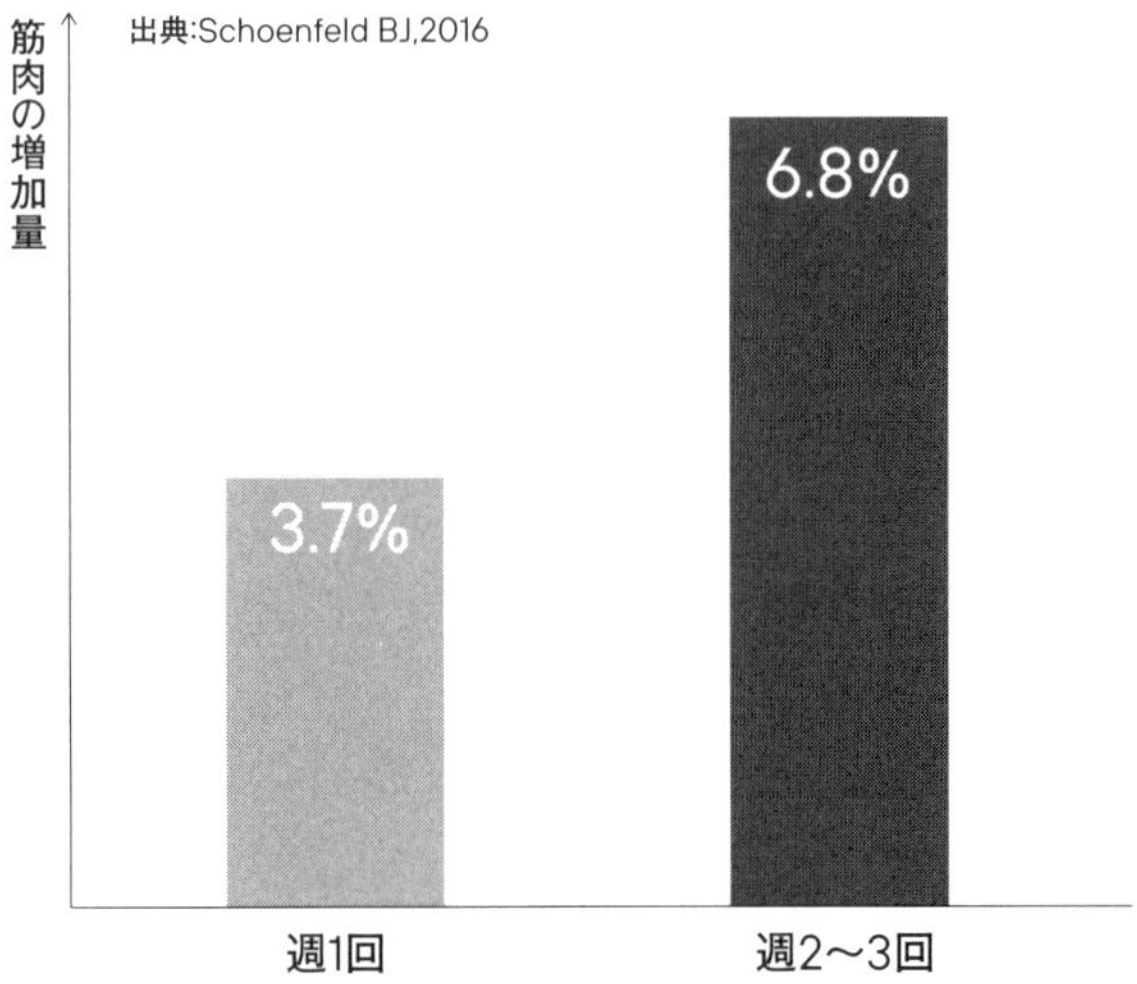

した研究（Schoenfeld BJ, 2016）では、週2〜3回トレーニングの方が3・1％も筋肉量が増加することが示されている。「たった3・1％」の差と思うかもしれないが、成長速度にすると2倍の差が生まれている。

加えて、週2回と週4回を比較した研究（Yue FL, 2017）では、ほぼ同等（少しだけ週2回の方がよい結果だった）であることが示されている。結果、各筋肉を週2〜3回鍛える方法が現在の世界的な主流のトレーニングとなっているのだ。

とはいえ、必ずしも週に2〜3回鍛える必要はない。研究報告からも示されているように、週に1回でも鍛えれば、筋肉は増えることがわかっている。何よりも継続することの方が大事なので、自分のペースで続けられる方法を選択すればよい。

一方で、中級者以上は、週1～2回が効果的となる。中級者や上級者は分割をして、各筋肉あたりのトレーニング頻度は少なくなるが、それはトレーニング量が増加するため、回復の時間が長くなるからだ。

筋トレ理論3

1週間合計で各筋肉を「6～10セット」鍛える

続いてトレーニング量（セット数）について解説していく。現在の筋トレ科学では、1日ではなく、1週間の合計セット数（週間セット数）で考えることが主流となっている。

実はトレーニング量は多すぎても少なすぎてもいけない。グラフを見れば、そのイメージが湧くはずだ。初心者は各筋肉で6～10セット、中級者以上は筋肉が増えて必要なセッ

週間セット数と増加する筋肉量のイメージ

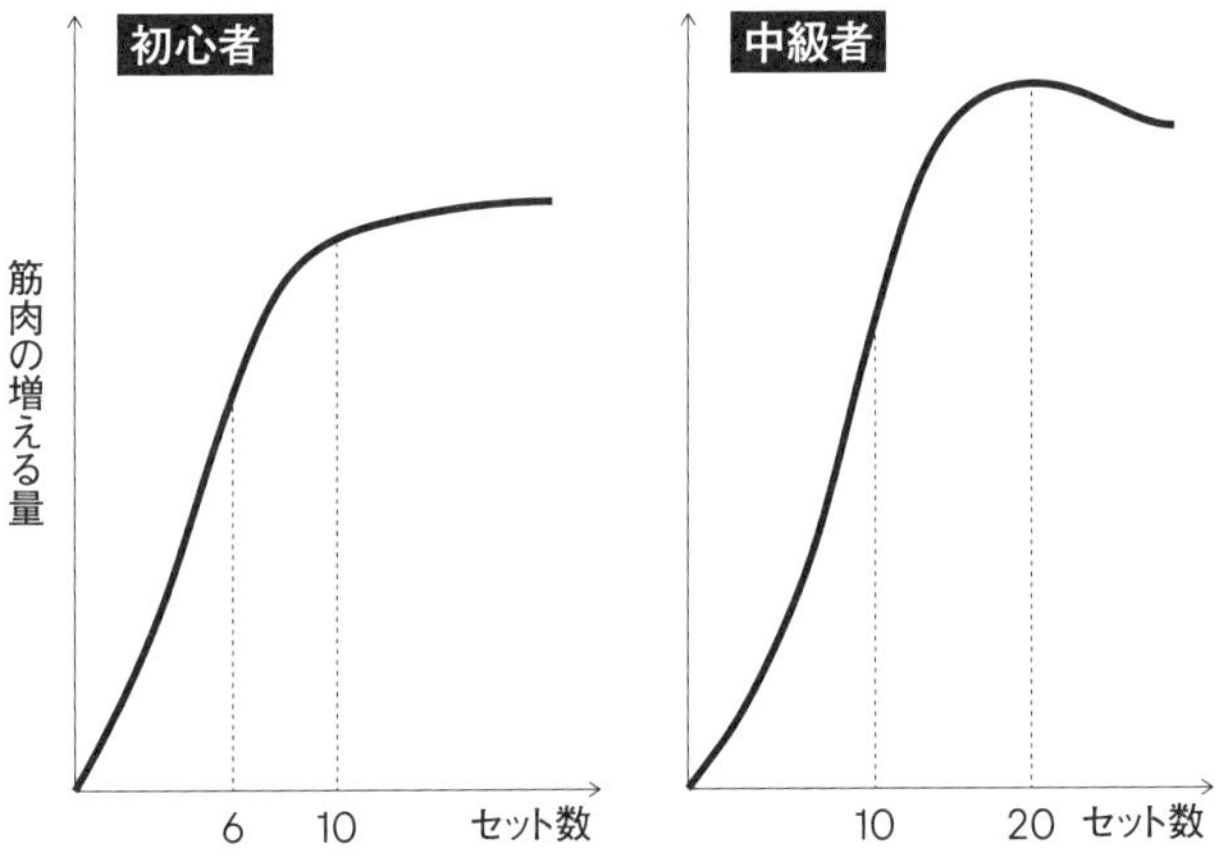

ト数は増えるので10〜20セットの範囲で鍛える必要がある。**あくまで「各筋肉」のセット数であることを忘れないでほしい。**

たとえば、月曜日に大胸筋のトレーニングを3セット、木曜日に6セットを鍛えた場合は、合計で9セットとなる。これを肩、背中、脚と同様に鍛えることで全身の筋肉をバランスよく発達させられる。

この数値は、トレーニング研究者であるジェームズ・クリーガー氏（フロリダ大学）が発表したセット数に関する詳細な分析のレビューを中心に参考にしている。これらは単に研究データとして示された数値というだけでなく、多くのトレーニーの体感からも同意できる数字だ。

また、初心者と中級者の線引きは難しく、実際は、初心者→初中級者→中級者のようにレベルアップしていくので、それに合わせて、6～10セット→8～15セット→10～20セットのような範囲でセット数を増やしていった方が筋肉量も増えやすい。

1回のトレーニングには上限がある

週間セット数に上限があることを疑問に思った人は多いはずだ。トレーニングはやればやるほど効果がある気もするが、なぜ、そうならないのか。それは**人間が一度に増やせる筋肉量には限界があるからである。鍛えれば鍛えるだけ筋肉が増えるわけではない。**

極端な話、1日にベンチプレスを100セットやっても一気に大胸筋がムキムキに増えることはない。筋肉が増加する上限のセット数があり、その1週間あたりの目安が初心者は10セット、中級者は20セットなのである。

もう一つ重要なのは、トレーニングは小分けした方が効果的ということだ。ジェームズ・クリーガー氏は、1回のトレーニングで10セット以上は効果なし（ジャンクボリューム）と分析している。この数字には私も経験則として概ね同意できる。

だから、初心者は1回のトレーニングで各筋肉を約3セット（中級者は約5〜9セット）、1週間の合計で各筋肉を6〜10セット（中級者は約10〜20セット）やるのが、最も理にかなっているのである。

筋トレ理論4

複合関節種目は8〜12回、単関節種目は10〜15回を反復

最初に反復回数に関する用語から説明する。筋トレでは1セットの反復回数の単位を「レップ（ス）＝Rep(s)」と呼ぶ。たとえば、ベンチプレスを10回反復する場合は「ベンチプレス10レップ」と言う。

また、1セットで反復できる限界回数を、RM（Repetition Maximum）と言う。たとえば、1回しか上げられない場合は1RM、5回反復できる場合は5RMと言う。これらは筋トレでよく使う言葉なので覚えておくとよい。

では、どのくらいのレップ数（反復回数）が効果的なのか。結論から言えば、複合関節種目（ベンチプレスやスクワットのような複数の筋肉を使う種目）は8～12回の範囲、単関節種目（1つの筋肉だけを狙って鍛える種目）は10～15回での範囲でやるのがよい。大半のトレーニーはこの範囲内の反復回数でトレーニングしている。

なぜなら、この**反復回数でのトレーニングは、筋肉量を増やすことと同時に、筋力アップも狙えるから**である。筋トレの成果としては、単純に筋肉自体が大きくなる「筋肥大」だけでなく、同じ筋肉量でも力の発揮度が上がる「筋力アップ」もある。

筋力アップができれば、同じ筋肉量でも扱えるウエイトが上がり、負荷が増えるので、筋肉量を増やす効果が向上する。だから、筋トレでは筋肥大だけでなく、筋力を上げるようなトレーニングも求められる。

軽いウエイトでは筋肉は大きくならないのか

結論から言えば、自重トレと同様に、低強度で20～30回の反復回数でも筋肉を増やすことは可能だ。「1RMの30％以上」の強度でも筋肉が増えることが研究からわかっている。

たとえば、ベンチプレス１００kgを1回上げられる人は、最低でも30kg以上に取り組めばよいということだ。だが、自重トレと同じく、低強度のトレーニングでは筋力アップが見込めない。

筋力アップが見込めないということは、扱える負荷が下がるので、筋肉を大きくする筋肥大効果も下がる。現在の筋トレ科学では、総負荷が同じであれば、筋肥大の効果も同じになると科学的に示されている。

総負荷とは強度×反復回数×セット数を合計した負荷のことだ。たとえば、ベンチプレス１００kg×10回×3セットの場合は、合計３０００kgとなる。負荷を合計した数字が大きければ、筋肉を作る効果も高くなるというわけだ。加えて、低強度筋トレのデメリットは精神的にきついことである。筋肉を成長させるための要素として、疲労困憊《ひろうこんぱい》となる限界まで追い込む必要はないが、限界手前の5レップ以内（イフェクティブ・レップス理論と呼ぶ。後で説明する）まで追い込むことは必須だ。低強度で反復回数の多いトレーニングでは各セットで息が上がり、精神的にも肉体的にも大変きついのだ。

つまり、20〜30回のような軽すぎるウエイトでは筋力アップを見込めず、逆に3〜5レップのような高重量は総負荷を稼ぐことができないことに加えて、フォームが定まっていない初心者には危険なのである。これらの条件を総合的に考慮した結果、安全かつ負荷を稼ぐことができる、複合関節種目「8〜12回」、単関節種目は「10〜15回」の範囲が最も効果的な反復回数となる。

ちなみに、筋トレを始めて最初の頃はフォームが定まっていないので、ウエイトのコントロールが容易にできる「15回前後」の軽いウエイトからのスタートがおすすめだ。少し慣れるまでは、10回前後でも相当な高重量に感じるはずである。ある程度フォームが定まった時点で、8〜12回にチャレンジするとよい。

その後も「8〜12回のような高重量は怖い」という場合は、無理せず軽いウエイトを継続しても何の問題もない。本書で述べている通り、軽いウエイトでも筋肉を成長させることはできる。**軽いウエイトでも全然恥ずかしがる必要はなく、自分が継続できる方法がベストだ。**筋トレを続けていれば自然と高重量にもチャレンジできる日が来る。

筋トレ理論5

負荷を増やすオーバーロードの原則

トレーニングをする際に、筋肉の能力よりも厳しい環境を与えることで筋肉は成長する。これを理論として言葉にしたのが、**オーバーロードの原則**である。筋トレでは段階的に（漸新性／プログレッシブ）にオーバーロードするので、合わせてプログレッシブ・オーバーロード（漸進性過負荷の原則）とも呼ばれる筋トレの必須理論だ。筋肉を成長させるためには、オーバーロードさせることが絶対となる。

オーバーロードをするための方法は、休憩時間を短くする、より速い速度でリフトするなどいろいろあるが、筋肉を増やすための最も基本的なアプローチは「負荷を継続的に増やしていくこと」である。トレーニング毎に負荷を増やすことで筋肉を継続的に成長させられる。つまり、**毎回同じような負荷でトレーニングしている場合、成長は見込めない**という意味でもある。

負荷を増やす基本的な方法

オーバーロードの基本は「負荷を継続的に増やしていくこと」と言ったが、筋トレの初期段階では、**「汚いフォームを適切なフォームにすること」**がオーバーロードの主な要因になる。

ターゲットの筋肉に負荷を乗せて動作すること、狭い可動域を広い可動域にすること、上げ下げのリズムを適切にすること――これらが同じウエイトでも筋肉への刺激を増やす要因となる。筋トレの最初期は、無理にウエイトを増やさなくてもフォームを改善するだけで同時に筋肉も増えていく。そして、その後に負荷も増やしていく。

負荷を増やす方法は2種類。強度（ウエイト）を増やすこと、反復回数を増やすことである。トレーニングで負荷を増やす方法はシンプルだ。複合関節種目であれば、8回からスタートして同じウエイトのまま12回を目指すだけである。そして、12回に到達したらウエイトを増やして8回に戻る。そして再び12回を目指す。これが最も一般的な負荷の増やし方であり、オーバーロードを達成する方法だ。

負荷とは、強度（ウエイトの重さ）と反復回数を掛け算した数字である。

たとえば、ベンチプレス40kg×8回からスタートした場合、次回のトレーニングでは、40kg×9回を目指す。それが達成できれば、次は40kg×10回に挑戦する。そして、40kg×12回を達成した時点で、ウエイトを45kg程度に増やす。すると、8〜9回しか上がらないので、再び45kg×12回を目指す。これを毎回のトレーニングで繰り返すだけだ。

反復回数と使用重量が増えるにつれて、筋肉が増えていることに気がつくはずだ。つまり、**筋トレは「負荷を増やしていくゲーム」である**。決して筋肉を痛めつける精神修行ではない。

筋トレを進化させるトレーニングノート

筋トレにおいて**トレーニングノート**を作る効果は絶大である。これは多くの筋トレ上級者が口を揃えて言うことだ。ノートといっても詳細まで書く必要はない。紙のノートでもスマホでもよいので、使用重量と反復回数を単に記録するだけだ。

「そんなガチなことまでやりたくない」と思うかもしれないが、**これをやらないとトレーニング効果が半減する**。なぜなら、全ての種目の使用重量と反復回数を覚えることは不可

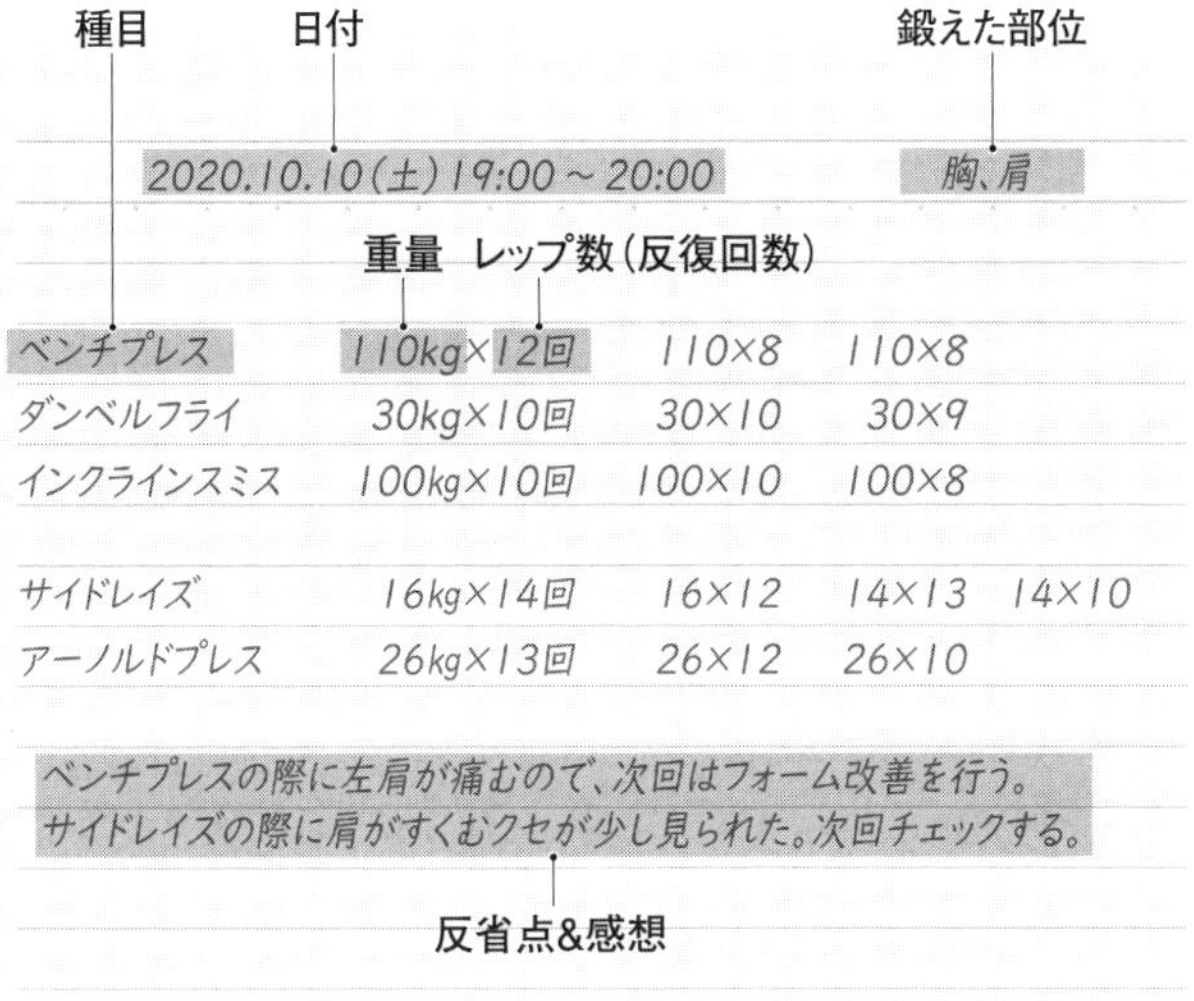

トレーニングノート

能だからだ。前回のトレーニングの使用重量や反復回数がわからないということは、負荷を段階的に増やすという筋肉作りの大原則があやふやになる。

私自身もトレーニング開始当初は重量をメモしていなかったが、大きめのカレンダーを買ってその日のトレーニング内容とウエイトの記録を始めた。「負荷を増やしていく筋トレゲーム」を攻略するには必須の作業である。

スポーツにおけるメモやトレーニングノートの重要性は昔から言われている。最近では自分の変化を数値化、明確化している選手が結果を出している。

元陸上十種競技の日本チャンピオンで

現在はタレントとして活躍する武井壮さんが良い例である。彼は起床時、出発時、トレーニング前後、帰宅時、就寝前の気温、湿度、体温、天候を6年間も記録して、自分がベストなパフォーマンスを発揮できる条件を徹底的に調べたそうである。

筋トレでは彼のように徹底的にやる必要はないし、慣れるまでは面倒だが、こういった地道な作業が一番効果を発揮することは理解してほしい。

中級者が継続的に筋肥大するための方法

複数の私の「Twitter フォロワーから「懸命に筋トレをしているが、伸び悩んでいるので解決方法を教えてほしい」とのリクエストがあったので、中級者に向けて解決方法を紹介する。

ここ以降の内容は、筋トレ歴2〜4年のゴリマッチョを目指す筋トレガチ勢の中級者以上トレーニー対象の内容なので、初心者の方は理論6のイフェクティブ・レップス理論まで読み飛ばしてもらってかまわない。

まずは私の筋肉事情について紹介しておく。私は初心者時代から一貫した筋肥大の継続

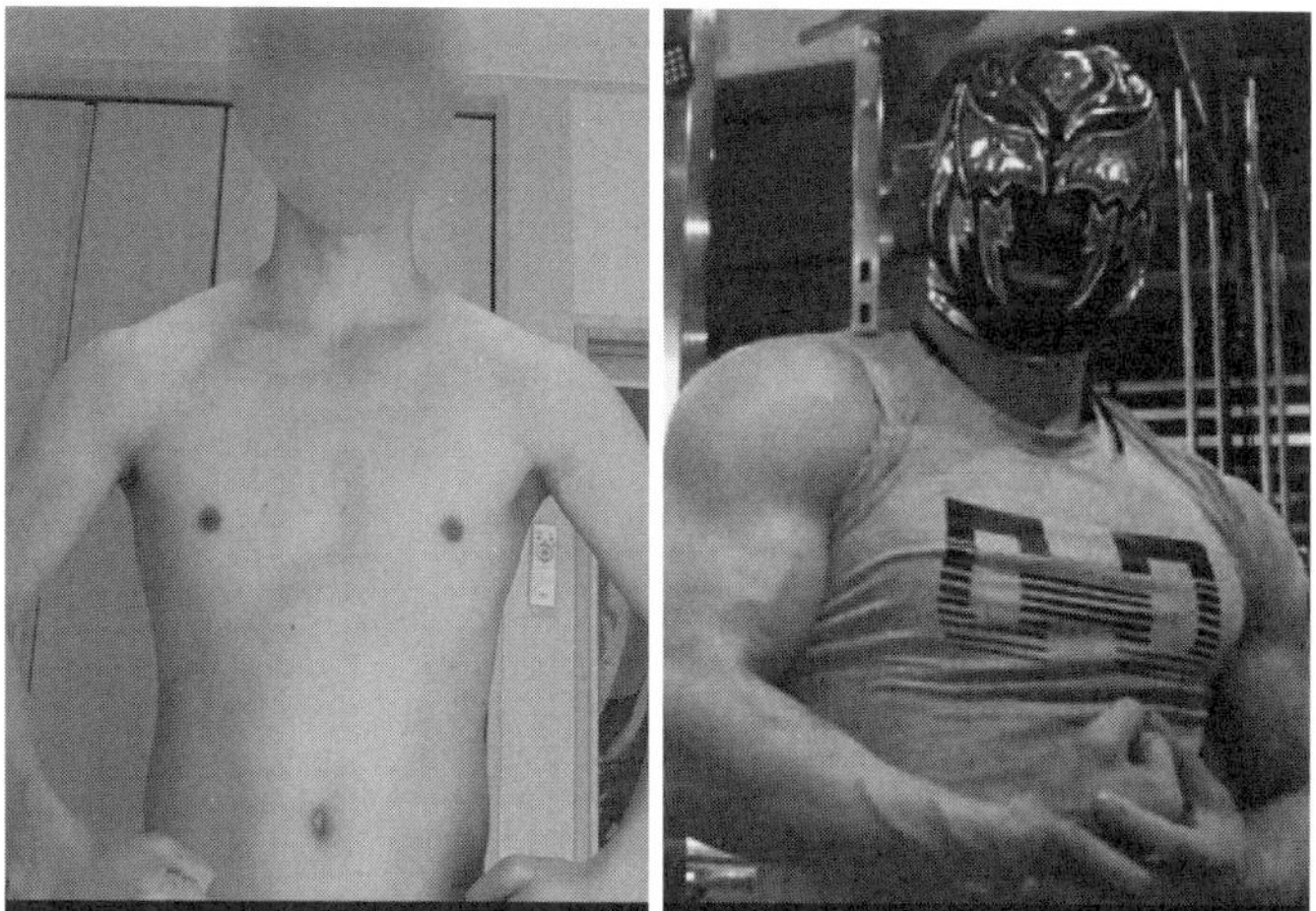

筋トレ前　2年半後

に成功している。ＦＦＭＩ値が推定20～21で筋トレを開始して、約2年半で推定24（身長１７３ｍ、体重83kg、体脂肪率13％、上腕42㎝、大腿63㎝）に到達した。筋トレに割ける時間が少ない期間があり、それがなければ2年以下でも同じ変化が手にできたと予想している。

元々のＦＦＭＩ値が比較的高いのは、過去のスポーツ経験で下半身の筋肉量が多いからである。体脂肪率は複数の方法で計測して同じ数値が出たことを確認しているが、正確に計測することは困難なので、あくまで推定値であることをご了承いただきたい。もちろん、完全なナチュラルトレーニーであり、ステロイド等の筋肥大目的の薬物は一切使用していない。

私が短期間で筋肥大できた理由は、20代と比較的若かったことや遺伝的な要因もあるが、理論的な戦略が正しかったことが最大の理由である。なぜなら、私よりも優れた遺伝子を持ち、必死に筋トレに励んだ人は大勢いたが、短期間でここまで筋肉量を増やせた人はごく少数派だからである。

「理論的な戦略」といっても難しいことをやったわけではない。筋肥大の本質は初心者も中級者も上級者も同じであり、当たり前なことを普通にやっただけである。

ナチュラルの場合、適切なトレーニングに取り組むことで筋肉の増量は、1年目で約10kg→2年目5kg→3年目2・5kgと半減していき、5〜6年で遺伝的な限界を迎えるというのが基本モデルである。つまり、トレーニング歴に対して、筋肉量の伸びが少ない場合は、何らかの問題があるということになる。

中級者以上の筋肥大が停止する原因

結論から言えば、中級者で停滞する主な理由は次の3つだと私は考えている。

①オーバーカロリーにしていない
②睡眠不足。ストレスが多い生活を送っている
③オーバーロードできていない

あなたが伸び悩んでいるのであれば、①~③のいずれかに該当しているはずだ。初心者ならこれらを多少おろそかにしても筋肉は増えるが、中級者はこれらの基本ができていないと成果を得ることが難しくなる。順番に解説していこう。

①オーバーカロリーにしていない（増量期、減量期を設けていない）

ボディメイクの基本は、次の2パターンである。

・オーバーカロリー＝筋肉と脂肪が増える＝増量期（約2~3ヶ月）
・アンダーカロリー＝筋肉と脂肪が減る＝減量期（約1ヶ月）

中級者以上も筋肥大したいのであれば、増量期と減量期をはっきりと分けることが重要だ。メンテナンスカロリーレベルでも筋肥大できないわけではないが、中級者以上は筋肉が増えやすい条件を整えないと筋肥大の効率は圧倒的に落ちる。

多くのトレーニーはタンパク質量を重視しているが、最も筋肥大に影響しているのはカロリー収支である。人間の体はオーバーカロリー（消費カロリー＜摂取カロリー）であると圧倒的に筋肥大しやすくなる仕組みだ。

なぜなら、脂肪というエネルギー貯金が減っている状況で、筋肉量を増やして消費カロリーを増やすことは合理的な選択ではないからだ。エネルギーが不足し、生命の危機に瀕しているのに、貴重なカロリーを筋肉作りに回して消費カロリーを増やすことは矛盾する。脂肪を減らしながら順調に筋肥大できるのは、筋トレ初心者、マッスルメモリー保有者、ステロイダーだけである。

中級者以上も筋肥大をしたいのであれば、脂肪と筋肉を増やす増量期（約2～3ヶ月）と、筋肉量を保ちながら脂肪を減らす減量期（約1ヶ月）を繰り返すことが大事だ。ちなみに、減量期に入る目安はテストステロン値が下がる体脂肪率15％を超えた時点がよい。

②睡眠不足。ストレスが多い生活を送っている

睡眠不足や、仕事やプライベートの転換期などストレス過多になっている状況での筋肥大は難しい。睡眠とストレスは、テストステロンやインスリン感受性などアナボリックに重要なホルモンに影響が出るので、一般的に想像している以上に筋肥大に影響している。したがって、仕事やプライベートの転換期ではなく、ある程度は安定している環境であることが望ましい。睡眠不足や仕事のストレスが多い時期である場合は、無理をするのではなく、一旦は落ち着くまで待ってもよいと思う。

③オーバーロードできていない（漸進性過負荷を無視している）

①〜②は必須ではないが、オーバーロード（過負荷）の原則を満たすことは筋肥大の必須条件だ。「漸進性過負荷をかけていれば、筋肥大はする」が筋肥大の基本メカニズムである。初心者が誰でもそれなりの筋肥大ができるのは、筋トレを続けてさえいれば毎回のトレーニングで負荷が増えていくので、結果的に漸進性の過負荷がかかっているのが理由だ。

漸進性の過負荷をかけるには様々なアプローチがあるが、基本は「ボリューム（負荷）を増やすこと」だ。トレーニングのボリューム（重量×レップ数×セット数）が同じであれば、筋

肥大効果は同じであるからである。

もしあなたが1ヶ月前と今週で、同じトレーニングボリュームであれば、これが筋肥大を停滞させている根本的な原因となっている。繰り返すが、筋肥大は「負荷増やしゲーム」である。これを戦略的にやるのが中級者以上の賢い筋肥大トレーニングだ。

中級者のオーバーロードが難しくなる理由は、強度やトレーニングボリュームが増加した結果、新しい刺激に適応するまでの時間がかかるからである。トレーニング→回復→適応までの時間が長くなり、初心者のように毎回のトレーニングでレップ数や強度を更新することは困難となる。トレーニング刺激への適応は、初心者の場合は1〜2日で完了するが、中級者は5〜7日を要する。

したがって、初心者と同じトレーニング間隔だと回復が間に合わず、疲労状態で負荷が落ちたり、トレーニング自体をスキップしたりしてオーバーロードが達成できなくなる。

中級者以上で成果が出ていない人は、このように状況が変化していくことを理解していない。結果、初心者の調子でトレーニングをするので、過負荷をかけることができなくなり、筋肥大が停滞する。若くてストレスも少なく、時間に余裕がある学生であれば、トレーニング量のゴリ押しで突破できるが、忙しい合間を縫って筋トレをする社会人トレーニーが気合だけで対応するのは難しい。

初心者はなんとなくでも筋肥大できるが、中級者は戦略的にオーバーロードを達成するトレーニングを組む必要がある。

中級者が確実に筋肥大するトレーニングサイクル

現在のエビデンスとして示されているのは「ボリューム（強度×レップ数×セット数）が同じであれば、等しく筋肥大する」ということだ。つまり、段階的にボリュームを増やしていくトレーニングサイクルを組む必要がある。

119ページの表は、トレーニング研究者のマイク・イスラエルテル氏の意見を参考に作成したものである。中級者向けの筋肥大メソッドとして最も確実な方法がこれだと私は考えている（MV、MEV、MAV、MRVは後に解説）。

彼が提唱するプログラムは約4〜6週間をワンサイクルとして、表のようなサイクルを主要な各筋肉で組む。サイクル終了後にディロードを入れて回復させてから次のサイクルを始める。これを2〜3回ほど繰り返すのが増量期。そして、減量期に入って体脂肪率を落として再び増量期に入る。増量期（2〜3ヶ月）→減量期（1ヶ月）→増量期（2〜3ヶ月）→減量期（1ヶ月）と繰り返す頃には相当な筋肥大を達成できているはずだ。

シンプルではあるが、筋肥大の基本原則に則った最も確実な方法だ。具体的なトレーニング種目の選択は、今後、私が作成したものを「Twitter などのSNSで紹介しようと考えている。興味がある人は、ぜひ手に入れにきてほしい。

引き続き、ボリューム理論トレーニング研究者のマイク・イスラエルテル氏が提唱する理論を参考にする。詳しい話は彼のSNSで公開されているので確認してほしい。少々難解な説明になるので「そういう理論があるんだな」程度の理解で問題ない。ボリューム理論には次の4つの指標がある。

① MV（Maintenance Volume）

筋肉量を維持できる最小ボリュームのこと。1週間の合計で6セット前後が目安。あまりトレーニングに時間を割けられない時は、MVのセット数をやることで筋肉を維持できる。

筋肥大のためのトレーニングサイクル				
目的	週	セット数	強度	
オーバーロード	1週目	10セット	1RMの65%	MEV（筋肥大に必要な最小ボリューム）
オーバーロード	2週目	12セット	1RMの70%	MAV
オーバーロード	3週目	14セット	1RMの70%	MAV
オーバーロード	4週目	16セット	1RMの75%	MAV
オーバーロード	5週目	18セット	1RMの75%	MRV（回復が間に合う最大ボリューム）
ディロード（回復）	6週目	6セット	1RMの65%	MV

②MEV（Minimum Effective Volume）

筋肥大する最小のボリュームのこと。週8～10セット前後が目安となる。筋肥大する場合は、MEV以上のセット数が必要で、MEVを下回るボリュームでは筋肥大は見込めない。初心者の場合は、トレーニング未経験なのでMVとMEVは同じ数値からスタートする。そして、徐々にMEVの数値は増えていくので、MVは初心者よりも中級者が多く、上級者はさらに多くなる。

③MRV（Maximum Recoverable Volume）

回復が間に合う最大のボリュームのこと。1週間で扱える最大のボリュームで、トレーニングサイクルの最終地点。週20～25セットが目安となるが、日本の一般トレーニーの場合は、仕事のストレスや睡眠不足が影響して、15セット前後でも回復が間に合わない人は多いと私は考えている。

④MAV（Maximum Adaptive Volume）

最大限に筋肥大するボリュームのこと。約10〜20セットが目安となる。注意点としては、MAVだけは固定された数値ではないということ。トレーニングサイクルは、MEV（筋肥大する最小ボリューム）から開始して、MRV（回復が間に合う最大ボリューム）が最終地点となる。

この数値は各筋肉の部位によって若干の違いはあるが、目安となる数値は、MEVが約8〜10セット、MAVが約10〜20セット、MRVが約20〜25セットとなる。個人差があるのでトレーニングを継続しながら適切な数値を見つけていくしかない。

中級者の段階でここまで戦略的にトレーニングするのは難しいと思うが、筋肥大の理論を頭に入れておくだけで、筋トレのプラスになるので紹介した。

筋トレ理論6

限界手前の5回が効く イフェクティブ・レップス理論

意外かもしれないが、**筋肉を増加させるためには「必ずしも限界まで追い込む必要はない」ことが科学的にわかっている。**実は筋肉を成長させるために必要なのは、疲労困憊まで追い込むことではなく、「限界手前の5回」である。

この限界手前の5回のことを「イフェクティブ・レップス（Effective Reps）」という。直訳すると、「有効な（Effective）担当回数（Reps）」という意味だ。たとえば、10RM（10回上げられるウエイト）であれば、6〜10回目が、12RMであれば8〜12回目が、30RMであれば26〜30回目が「イフェクティブ・レップス」に当たる。

つまり、筋トレでは余力を残して終えても十分に筋肉は成長するということである。むしろ、余力を残して終える方法が世界的には推奨されている。実際に海外のプロトレーナーが作成したトレーニングプログラムは、「1〜2回くらいは余力を残して各セットを終える」ものがほとんどだ。

限界手前の5回が筋肉を成長させる理由

限界手前の5レップが重要な理由は、筋肉が疲労して限界に近づくことで運動単位の大きな(1つの運動神経が支配している筋繊維の数が多い)速筋繊維が稼働するからである。この速筋繊維が鍛えられることで筋肉は大きくなる。

筋肉は「サイズの原理」といって、軽いもの(低強度)を持つと遅筋のみが使われ、重いもの(高強度)では遅筋だけの力では足りないので速筋が加わる仕組みになっている。しかし、速筋の中でも肥大する本当に強力なものは、最終奥義のように最後まで控えており、他の筋繊維が疲労して力尽きた限界状態で、初めて使われる。

各セットで最初はウエイトをスイスイ上げ下げできていた動作が、後半になって限界に近づいてくると、ジリジリと鈍い動作でしか上げ下げできなくなる。この苦しい動作の時に筋肉は成長しているのだ。

イフェクティブ・レップス理論

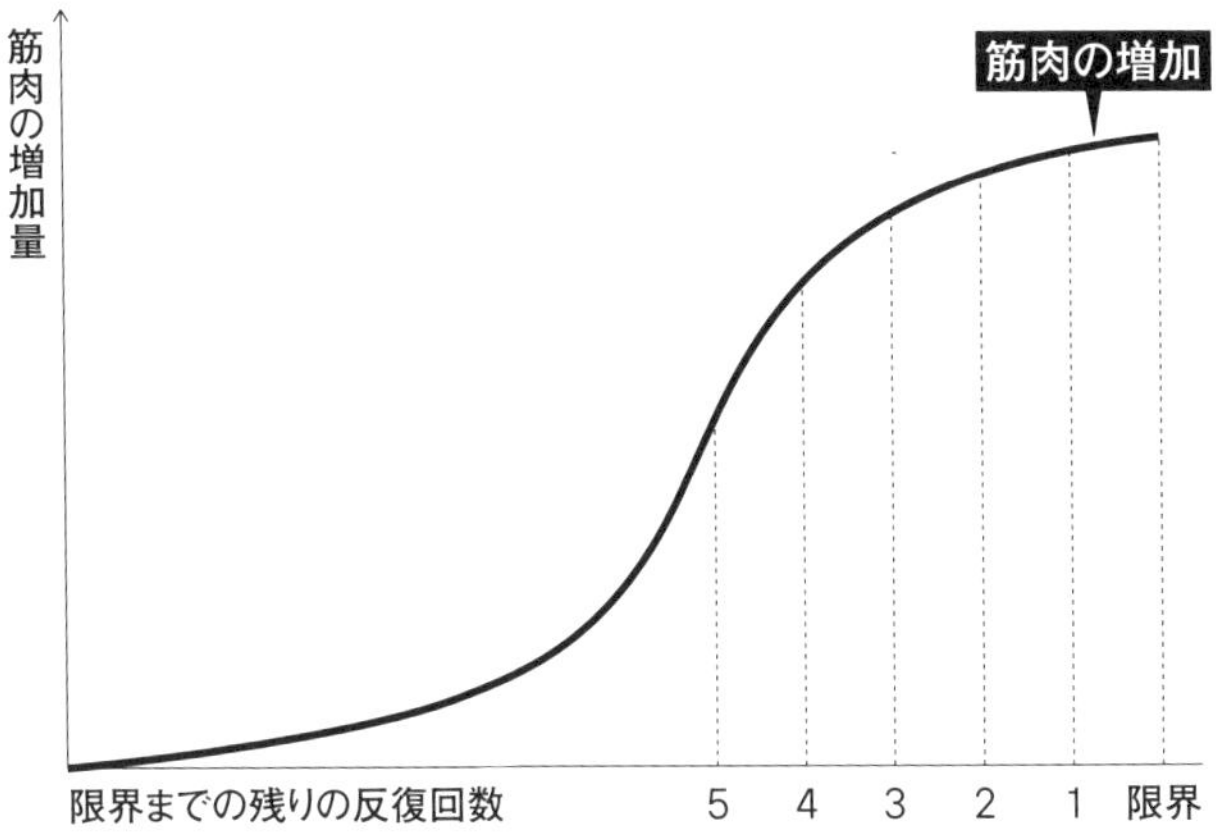

ただし、低強度（軽いウェイト）の場合は、限界手前の5回が明確でないため、疲労困憊の限界まで追い込むことが必須である。各セットで20回上がるのか、24回上がるのかはかなり微妙な差だ。実際は24回上げられるのに、20回が限界と勘違いして18回などで終えてしまった場合は、イフェクティブ・レップスが存在しないトレーニングとなる。だから、ストリートワークアウトを行うマッチョな自重トレーニーは「限界まで追い込むことが必須」と経験的に言うのである。

実際の低強度のトレーニングで、限界まで追い込むべき反復回数に科学的な線引きは存在しないが、基本レップである8〜12

回以上の反復回数のトレーニングをやる場合は、限界まで追い込むことが必須である。

限界まで追い込む筋トレは間違っている

大半の日本人は「限界まで追い込む筋トレ方法が効果的」だと思っている。しかし、ウエイトを用いる高強度の実際のトレーニングでは、**限界まで追い込むよりも「あえて1～2回ほど余裕を残して」各セットを終えた方が効果的だ。**

なぜなら、初心者が限界まで追い込むトレーニングをすると、合計負荷の減少、フォームが崩れる、回復に時間がかかる、息が上がり精神的にきつくなる、などの複数のデメリットが発生するからである。

プロのトレーナーが作成した一般的なトレーニングプログラムは、これらのデメリットが考慮されているので、全ての種目を限界まで追い込むようには作られておらず、大半の種目は限界の1～2レップ手前で止めるように作られている。よくあるパターンとしては、その日の最終1、2種目のみを限界まで追い込むように作成されたものだ。

ジムで老若男女全員が、息を上げながら必死に追い込んで筋トレに励む国は日本だけと言われる。欧米のボディビルダーが日本のジムを訪問すると、全員がそのようなトレーニングをしていることに驚くそうだ。日本の常識は世界の非常識であり、限界まで追い込む精神修行のような筋トレは世界的には少数派なのである。

精神的なダメージが大きい＝良い筋トレではない。この勘違いは、日本人の多くが学校の部活動の影響を強く受けているからと思われる。日本の学校の部活動は、軍隊教育が成り立ちとなっており、科学的なスポーツ技術の向上よりも、精神を鍛える価値観が主流となっている。

この過ちを筋トレでも繰り返さないでほしい。筋トレはあくまで科学だ。「トレーニング＝精神的に追い込む＝効果的」では全くない。

筋トレ理論7

複合関節種目中心のトレーニングを選択する

筋トレ種目は大きく分けて2種類ある。複合関節種目（コンパウンド種目）と単関節種目（アイソレート種目）だ。

「複合関節種目」とは、ベンチプレス、スクワット、懸垂など、一度に複数の筋肉を鍛える種目。一方、バイセップカール（上腕二頭筋を鍛える種目）やサイドレイズ（肩の筋肉を鍛える種目）のように、1つの筋肉を狙い撃ちして鍛えるのが「単関節種目」だ。

筋トレは特別な意図がない限りは、**初心者、中級者、上級者に関係なく、複合関節種目中心のトレーニングを行うのが基本中の基本である。**

複合関節種目は、単関節種目の約3～10倍以上のウェイトを扱える。ベンチプレスをやれば大胸筋だけでなく上腕三頭筋や肩の筋肉まで鍛えられ、デッドリフト（床に置いたバーベルを腰まで持ち上げる種目）をやれば脚と背中全体の筋肉を鍛えられる。だから、特に筋肉量の少ない筋トレ初心者は複合関節種目のトレーニングで、まずは体全体の筋肉を増やすことが重要だ。

単関節種目は複合関節種目で鍛えきれない特定の部位を補助的に鍛える。中級者以上でも複合関節種目を70〜80％、単関節種目を20〜30％の割合で、単関節種目で発達の遅い筋肉を重点的に鍛える。

最もよくない方法は、初心者にもかかわらず、単関節種目ばかりやってしまうことだ。当然、筋肉はあまり増えない。基本的に初心者がやる単関節種目は、複合関節種目では鍛えきれない「腕のトレーニングだけ」で十分である。

初心者がやるべき複合関節種目として、ＢＩＧ３（ベンチプレス、デッドリフト、スクワット）がよく挙げられるが、私は同意できない。スクワットは必須だが、ベンチプレスとデッドリフトの優先順位は必ずしも高くない。これらは単にパワーリフティング競技の３種目に採用されて勧められているだけであり、ベンチプレスは一般に認識されている以上に注意点が多く難しい種目で、他の種目で十分代用可能である。

デッドリフトも日本の筋トレ未経験者には取り組みにくい種目である上に、日本のジムでは騒音問題から禁止されていたり、周りから白い目で見られたりする場合がある。体の後ろ側全体を鍛えられる種目でやるに越したことはないが、日本のフィットネスの現状で絶対にやるべき種目とは言えない。

単関節種目を積極的に取り入れるタイミング（中級者向けの話）

単関節種目を取り入れ始める時期は、初心者プログラムを終了した時となる。中級者になると筋肉の付き方に差異が出てくる。この時に自分に適した単関節種目を取り入れ、弱点部位を狙い撃ちして鍛えるのである。

個人差が生まれる背景は、過去のスポーツ経験や骨格の違いなど複数の要因からである。同じ種目を、同じようなフォームでトレーニングしていても、使われる筋肉は各人で微妙に異なるので、結果的にトレーニング成果にも差異が出るのである。

よくあるのが、大胸筋が発達するタイプと腕と肩が発達するタイプに分かれることだ。大胸筋の発達が遅れる場合は、大胸筋を狙い撃ちできる単関節種目（フライ系種目）に取り組むようにして、腕の発達が遅れる場合は、上腕三頭筋を鍛える単関節種目を積極的に行う。こうすることで弱点を補ってバランスよく筋肉を鍛えることができる。

筋トレ理論8

初期のゴールはフォームを正しく習得すること

初心者のトレーニングで最も大事な最初のゴールは「フォームの習得」と言っても過言ではない。なぜなら、筋トレにおけるフォームとは、野球やゴルフのスイングのフォームと同じだからである。

適切なフォームなしにヒットを打つこともスコアを80台に乗せることもできないように、筋トレでもフォームを抜きにして筋肉を効率よく増やすことはできない。だからこそ、世界中のトレーナーや筋トレ上級者はやたらと「フォームが大事だ」と言うのである。私はこれまでに野球、サッカー、ハンドボール、陸上、と複数のスポーツを行ってきたが、その中でも筋トレはフォームの重要度がとても高いと実感している。

フォームの4つのポイント

筋トレのフォームには守るべき4つのポイントがある。初期段階では、次のポイントを遵守した上で、負荷を増やしていく（オーバーロードを達成する）ことで筋肉を成長させることができる。

①ターゲットの筋肉を使えている

最初に習得すべきフォームのポイントは、「ベンチプレスで大胸筋を使う」「懸垂で広背筋を使う」というように、ターゲットの筋肉を使うことである。各トレーニング種目では必ずターゲットの筋肉があるので、まずは、その筋肉を刺激することが第一関門となる。

最初はどの種目をやっても、自分が鍛えたい筋肉を使えないことが当たり前だ。大胸筋を鍛えたいのに腕が鍛えられてしまったり、背中を鍛えたいのに腕が鍛えられてしまうのが普通である。必死にやっているのに、自分の鍛えたい筋肉が発達しない、筋トレ初期の壁である。

②可動域を広く取る（フルレンジ）

ターゲットの筋肉を使えるようになったら、次のポイントは広い可動域でフォームするようにする。「効果的なトレーニング＝ターゲットの筋肉に負荷を乗せた上で広い可動域で行うこと」は基本中の基本である。

広い可動域（フルレンジ）というのは、筋肉をできる限り曲げ伸ばしするフォームを指す。基本的に可動域が広いほど、筋トレ効果は高くなる。ちなみに「フルレンジ」というのは、フルレンジオブモーション（Full Range of Motion）の略である。筋トレではよく使う用語なので覚えておくとよい。

ジムを訪れると、高重量のベンチプレスで5㎝くらい上下するような極端に狭い可動域でトレーニングしている人を時々見かけるが、パワーリフティングなどの特別な事情がない限りは真似するべきものではない。軽いウエイトでフルレンジ（広い可動域）に取り組む方が圧倒的に効果的である。ベンチプレス60kg程度でも素晴らしい大胸筋をしている人はいる。

③自分の意思でウエイトの軌道をコントロールできている

これは①と②を自分の意思でしっかりとできているかという指標である。鍛えたいターゲットの筋肉に負荷を乗せ、可動域を広く取ることは、扱いきれない重すぎるウエイトで自分のコントロールを超えた状態では不可能となる。

④動作中に痛みがない

筋トレにはとにかく怪我がつきものだ。あなたの身にも起きると思って注意してほしい。皆が当たり前にやっているので、常識のようになっているが、冷静に考えれば、100kg以上の重りを日常生活で持つことなどありえない。100kg以上の重りを肩に乗せてスクワットしたり、両腕に乗せてベンチプレスをすれば、当然、関節靭帯に強烈な負荷がかかる。中途半端なフォームで無理やり負荷を増やすようなトレーニングをしていると、すぐに関節靭帯に疲労が蓄積して怪我をする。

トレーニング中に「筋肉痛以外の痛み」がある場合は、無理をせずにフォームを見直すことが重要だ。重傷化や慢性化を未然に防ぐには、そこで一度立ち止まれるかが明暗を分ける。

また、ベンチプレスはジムで唯一、人を殺す種目であることを覚えておいてほしい。世界ではベンチプレス中に首を挟まれる事故で年間数十人が死亡していると言われている。近年、日本のフィットネスジムでも同様の事故は起きているので注意が必要だ。特に人が少ない時間帯は重りに潰されても誰も気づかないので、セーフティーバーを確認するなど安全管理を怠らないようにしてほしい。

運動神経の良い人がやっているスポーツのコツ

正しいフォームを習得するために、運動が得意な人が自然にやっているプロセスが役に立つと思うので紹介する。

あなたは、なぜ運動が得意な人と苦手な人がいるか不思議に思ったことはないだろうか。単純に運動神経が良い悪いで語られるが、両者が脳内から実際に体を動かすまでのプロセスは全く違う。

頭で動作をイメージできている

野球でバットを振るにしても、サッカーでボールを蹴るにしても、筋トレでベンチプレスをするにしても、事前に頭で正しいイメージをせずに適切な動作は絶対できないということだ。これを理解しているか否かが運動の得意な人と苦手な人の間の差である。

私の学んだ大学には、某競技のナショナルチームの元コーチであり、シュートフォームの指導が日本で最も上手いと言われる教授がいたが、彼は繰り返しこう言っていた。

「指導者は選手に正しい動きを見せろ。自分で見せられないのであれば、動画でも何でもよい。見せられないなら指導にはならない」

これは適切な動きをイメージすることが何より大事ということだ。筋トレ初心者の中にはフォームについて事前に一切調べずに取り組み始める人がいるが、これは料理をほとんどしない人がレシピ無しに新しい料理を作り始めるようなものだ。効果的なトレーニングはまずできない。

イメージと現実の動作は絶対にズレる

あなたが想像している以上に、イメージと現実の動作は乖離《かいり》している。試しに、自分が歩いている様子でも、スマホで撮影してみてほしい。肩が揺れている、猫背になっているなど、自分が想像した歩き方とは異なるはずだ。

筋トレも同様に撮影した姿を確認してもらうと、「自分はこんなフォームだったのか」とイメージと違う動作に驚くことが多い。特に初心者では顕著だ。みんな自分の脳内でイメージしたことが当たり前にできると勘違いしているのである。第三者の視点で自分のフォームを確認することで細かい改善点が見つかる。

運動神経に優れた人はここまでの内容を自然にやっており、イメージする能力が高い上にイメージと実際の動きのズレが本当に少ない。だから、初めてやるスポーツでも事前にプロ選手の動きを映像で見て脳内に体の使い方をインストールしておけば、最初から70％くらいの完成度で動作ができてしまうのである。

正しい筋トレフォームを習得するには、次の４つのプロセスが必須となる。

①映像や書籍で適切なフォームを理解する

②それを頭でイメージできるようになる

③実際にやってみる（絶対にイメージ通りにできない）

④映像でイメージと実際の動きのズレを修正する

この一連の流れを理解しておくだけで、効率的にフォームを習得できる。

パーソナルトレーニングはコスパが良い

とはいえ、初心者がひとりで正しいフォームを理解して、それを修正するのは現実的には難しい。その場合は、トレーナーや知り合いのマッチョに教えてもらうとよい。

正直、初期のパーソナルトレーニングほど費用対効果に優れた投資はない。物事はゼロからイチにするまでが何より大変だ。右も左もわからない状態で迷走するなら、自走できるまでは誰かに指導してもらった方がいい。

知り合いにマッチョが一人もおらずに、パーソナルトレーニングの出費も惜しい人は、フィットネスジムに一人はいるマッチョスタッフに短時間の指導をお願いすることがおすすめだ。一般的なフィットネスジムでも、たいてい筋トレ中級者レベル以上のスタッフが一人は働いている。基本的にマッチョは教えたがりで初心者に頼られるのは好きなので、喜んで教えてくれるはずだ。

筋トレ理論9

素早く上げて丁寧に下ろす

「上げる1～2秒、下ろす1～2秒」の範囲で実施する。動作のテンポで重視するのは、下ろす動作に重点を置いて、負荷をターゲットの筋肉で受け止めながら、丁寧に下ろすことにある。筋トレ上級者がよく言う「ウエイトは下ろすもの」というのは、これが筋肉の成長に重要な役割を果たしているからだ。

上げる動作はセットの後半は疲労で自然と遅くなり、自分でコントロールできる範囲は少ないので特に何も意識しなくてもよい。**イメージとしては、上げる動作の約1・5倍の時間をかけて下ろすと筋肉に効くフォームになるはずだ。**

注意点は、あまりにもスローな動作にしないこと。丁寧にやりすぎている人がいるが、上げ下げの合計時間が「8秒以上」の場合、トレーニング効果が下がることが研究から示されている。

スローすぎる動作は、速筋繊維（タイプⅡ）が使われにくいので、筋肥大の効果が下がるからだ。ニューヨーク大学の研究報告（Schoenfeldら2016年）では、2～8秒の範囲であれば、筋肥大効果は変わらないことが示されている。やればわかるが、上げる3～4秒、下げる3～4秒のような動作は、ゆっくりすぎて集中力が続かず現実的ではない。

さらに筋力強化という観点でもスローな動作は問題がある。スピーディーな動作をすると、重いウエイトを扱っていなくても、速筋繊維（タイプⅡXやタイプⅡa）が使用されるので筋力アップに有効となるが、スロー動作はそれが見込めない。筋力アップは筋肉を増やす（負荷を増やすため）要素である。

瞬発力が求められるアスリートのウエイトトレーニングでは、スピーディーな動作をして瞬発力を鍛える。パワークリーンやパワースナッチなどの種目をやっている映像を見たことがある人も多いはずだ。

このように筋トレ界ではエビデンスのない時代から、トレーニーの経験則として「爆発的な挙上と、受け止めながら下ろすこと」が重要だと言われてきた。これは科学的にも正しいのである。

筋トレ理論10

パフォーマンスのために休憩時間を長めに取る

現在の筋トレ科学では、セット間の休憩時間は長めに取ることが効果的とされている。具体的には1~3分は確保して、神経疲労の回復や呼吸を整えつつ、次のセットや種目に移るようにする。パフォーマンスを維持することで強度や反復回数を多く扱える。ゆえにトレーニング効果が高くなるのである。

過去には、「休憩時間は短い方が成長ホルモンの分泌が活性化されるので効果的」と言われた時代もあったが、現在は成長ホルモンと筋肉を作る効果の関連性が否定されている。だから、実際にアメリカスポーツ医学会のガイドラインでも、3分以上の休憩時間が奨励されている。

実際のトレーニングの休憩時間は種目によって異なる。個人差はあるが、初心者の場合、スクワットやベンチプレスなどの複数の筋肉を使う複合関節種目では、息が上がりやすいので2〜3分程度。バイセップカールのように一つの筋肉をメインとする単関節種目では、1〜2分程度が目安となる。

完全に息を戻す必要はないので、ダラダラと休憩するのではなく、ある程度は呼吸が戻った時点で、テキパキと次のセットや種目に移行することがポイントだ。運動経験が少ない場合は、初心者時代に心肺機能を鍛えておくことも重要である。

中級者、上級者とレベルアップするにつれて、筋肉量もトレーニング強度も増加するため、休憩時間も長く必要になる。スクワットなどの大きな筋肉を使う種目であれば、5分以上必要になることもザラだ。いずれにしても体に合わせて、パフォーマンスを落とさないように呼吸が戻る休憩時間を確保しておけばよい。

筋トレ理論11

11種類の筋肉の位置と動作の起始停止を覚える

筋肉の種類

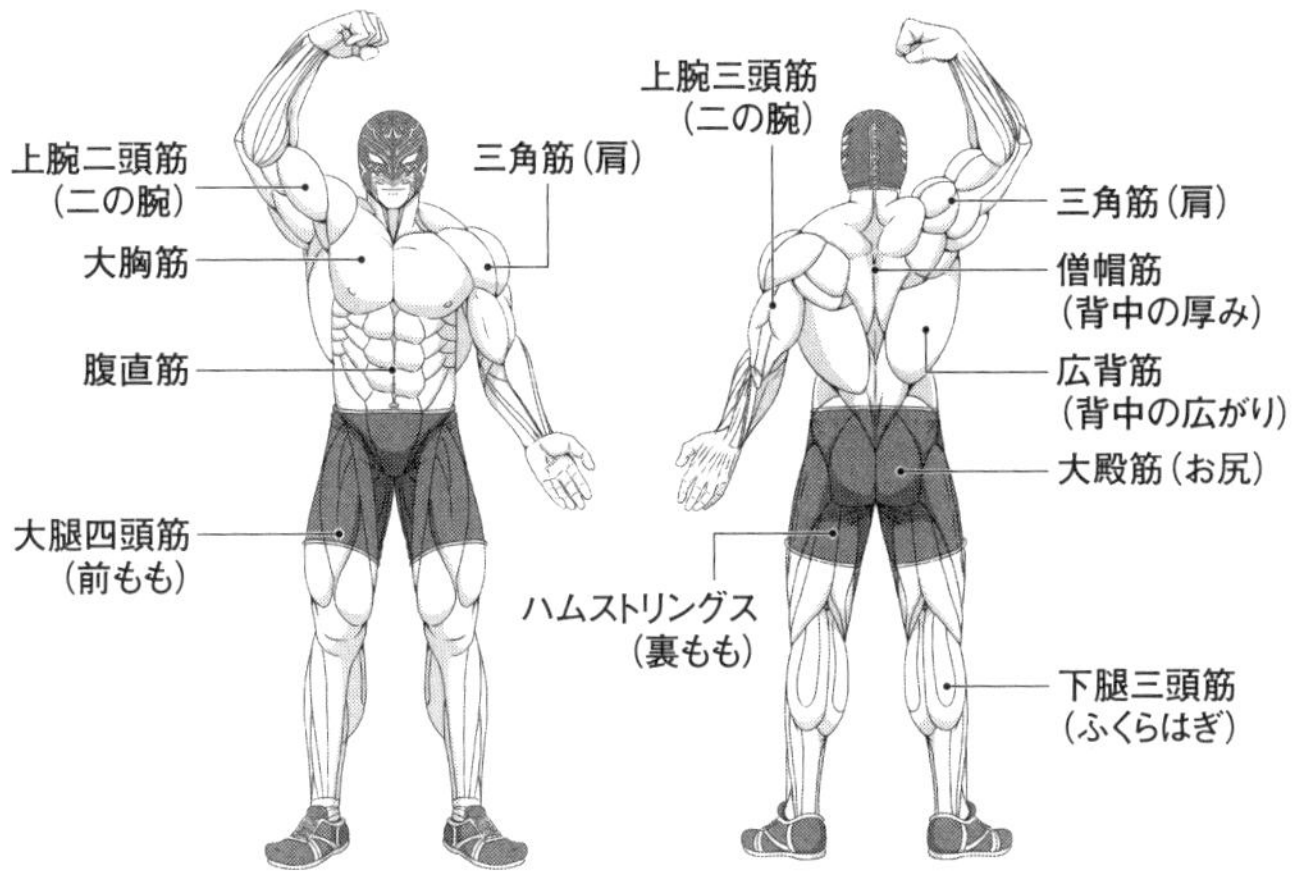

起始と停止は一般には知られていない専門用語だが、覚えるだけでトレーニングの難易度を一気に下げる重要な知識だ。何も難しいことはない。起始停止とは、単に筋肉の位置を表す言葉であり、筋肉が骨に付着している両端のことである。起始と停止。合わせて「起始停止」と言う。

　この位置を覚えているかが筋トレの明暗を分ける。なぜなら、筋肉の両端（起始と停止）を近づけるように動作をすることで、その筋肉を鍛えられるトレーニングの原則があるからだ。私はこれを「**起始停止の法則**」と呼んでいる。

「起始停止の法則」を知っていれば、適切なトレーニングフォームが何か手に取るように理解できる。たとえば、ベンチプレスでなぜ、肩甲骨を閉じて（内転と下制）キープするのか、胸郭を膨らませる（伸展動作）のか、大胸筋ではなく上腕三頭筋（腕の下側の筋肉）や三角筋（肩の筋肉）に刺激が入ってしまうのか、などが大胸筋の起始と停止が近づく動作であることを知っておけば理解できてしまう。

難しい理屈を抜きにしても常識的に考えて、筋肉がどこにあるのか全く知らずにトレーニングするのはおかしいと思わないだろうか。それでは「俺って今、どの筋肉を鍛えているんだろう？」という雰囲気フィットネスになる。

覚えるべき筋肉の種類は「11個」だけ

覚えるべき筋肉の数は少ないので安心してほしい。まずは主要な筋肉だけで十分だ。**覚えるべきは11個（大胸筋、三角筋、上腕三頭筋、広背筋、僧帽筋、上腕二頭筋、腹直筋、大殿筋、大腿四頭筋、ハムストリング、下腿三頭筋）だけである。**この11種類の筋肉が、両端の位置（起始と停止）を知る。

人間には合計400個を超える骨格筋があるが、筋トレでターゲットとして鍛える主要な筋肉の数は少ない。メインの11個の筋肉を鍛えていれば、残りの細かい筋肉は補助として使われるので、勝手に鍛えられる。

覚えるといっても、詳細な位置や両端のどちらが起始と停止であるかまで覚える必要はない。自分の体で指差し確認できる程度で十分だ。おそらく20分もあれば覚えられるはずだが、この20分で筋トレが全く別物になるのだから覚えない理由はない。

筋トレ理論12

筋肉痛は筋肉が成長する要因にはならない

「筋肉痛にならないとトレーニングした気にならない」という人は多い。だが、**意外にも筋肉痛と筋肉の成長には何の関係もない**。筋肉痛は、単に筋肉が損傷して発生した炎症を痛みとして感覚神経を通じて脳で感じているだけだからだ。つまり、筋肉痛でたくさんの筋肉が増えるわけでもないし、筋肉の成長の指標でもない。

たとえば、長時間のランニングで筋肉痛になることはあるが、ランニングが筋肉の成長につながっているわけはない。一方で自転車漕ぎのように筋肉痛にならない運動（メカニズムは後で説明する）や、筋トレでは三角筋（肩の筋肉）は筋肉痛になりにくいが、他の筋肉と同様に成長している。

本当に良いトレーニングとは「筋肉痛になる一歩手前で抑える」方法である。基本的にひどい筋肉痛は怪我の一歩手前だと認識しても差し支えない。

むしろ、毎回トレーニング後に筋肉痛になっていたら困らないだろうか。筋肉痛になると、次のトレーニングに支障が出るし、特に初心者は日常生活に支障が出ることがある。トレーニング未経験者を被検者としたレッグエクステンション（脚のトレーニング）では、疲労困憊まで追い込んで筋肉を徹底的に痛めつけた結果、回復に1ヶ月以上も要したという研究報告もある。

初心者がいきなり激しいトレーニングをするのは、かなり危険で後々面倒なことになる。筋トレを開始した1～2週間は軽めに抑えて体を慣らした上で、本格的な筋トレを始めるのがおすすめだ。

筋肉痛になっても、軽いものであれば通常通りにやっても問題ない。残念ながら、ひどい筋肉痛になってしまった場合は、トレーニングを完全に休むか、軽いウエイトでフォームチェックをする程度に抑えて回復後に備えよう。

筋肉痛になるメカニズム

専門用語で、筋肉痛は遅発性筋肉痛（DOMS）と呼ぶ。「遅発性」というように、実際に筋肉が損傷してから、痛みが数時間~2日後に遅れるが、この理由は、筋肉に微細な傷が付き、炎症して発生するヒスタミンなどの刺激物質が感覚神経に到達するまで一定時間を要するからである（筋肉痛のメカニズムは諸説ある）。

あなたが知っておくべきことは、**筋肉痛はバーベルやダンベルを下ろす動作で引き起こされることだ。**この筋肉が引き伸ばされながら耐える収縮の仕方をネガティブ動作（エキセントリック収縮、伸張性収縮）と呼ぶ。

ちなみにネガティブ動作（バーベルを下ろす）時に筋肉痛が発生するメカニズムを説明するのは難しいが、簡単に言えば、使われる筋繊維の数が少なくなるからである。バーベルを上げる時よりも下げる時の方が筋線維は少ないので、下げる時に一部の筋繊維に負荷が集中してしまい、損傷して筋肉痛になるのである。

だから、ネガティブ動作のない運動である自転車漕ぎは普通のフォームでやっている限りは筋肉痛にならない。あなたも自転車に乗って、乳酸が溜まるような筋肉疲労の経験はあっても、筋肉痛になった経験はあまりないはずだ。ちなみにバーベルやダンベルを上げる時の動作は、反対にポジティブ動作（コンセントリック収縮、短縮性収縮）と言う。ネガティブ・ポジティブは、筋トレではよく使われる用語なので、覚えておくとよいだろう。

とはいえ、ネガティブ動作が不要だと勘違いしてはいけない。筋肉痛になるほど強い刺激は必要ないが、適度な刺激を筋繊維に与えることは重要だ。筋トレ上級者はバーベルを下ろすためにトレーニングするというほど、ネガティブの動作は不可欠な要素である。

筋肉痛にはメリットもある

筋肉痛に全くメリットがないわけではない。科学的には筋肉痛は不要でも、現実的には時々は適度な筋肉痛はあった方が筋トレは捗《はかど》ることが多い。

まず精神面の充実が大きい。筋トレの達成感や、モチベーションアップなどの効果がある。筋肉痛はトレーニングを頑張った証《あかし》のようなもので、多少は筋肉痛になることで、謎の充実感を得られる。特に中級者以上はトレーニングの刺激に慣れて、筋肉痛になる機会が減るので、久しぶりに筋肉痛になると「まだ伸びしろはあるな」と確認できたりする。

もう一つのメリットは、**ターゲットの筋肉が鍛えられた印になることだ。これは初心者にとって役立つ。**なぜなら、初心者の時点では「ターゲットの筋肉に負荷を乗せる」という感覚がないので、目的の筋肉が鍛えられているのか、上手くトレーニングできているのか、よくわからないからである。

たとえば、ベンチプレスで大胸筋を鍛えているつもりでも、上腕三頭筋（腕の筋肉）を鍛えてしまうことはよくあることだが、大胸筋が筋肉痛になった場合は、大胸筋を鍛えられたという証拠になる。私もベンチプレスの実施後に大胸筋が筋肉痛になった時はそれなりに感動した覚えがある。

いずれにしても、毎回の筋肉痛やひどい痛みは不要なので勘違いしないようにしたい。特にネガティブトレーニングやフォーストレップ法のような上級者向けのハードトレーニングには注意が必要だ。このような上級者向けのテクニックを初心者や中級者に指導しているトレーナーがいるが、全くの不要というより危険ですらある。

フォーストレップ法（上げられないウエイトの挙上を補助者がサポートする方法）については理

解に苦しむ。このようなトレーニングは、通常のトレーニングをやり尽くしてゴリマッチョになった上級者がさらに筋肉を増やす手段として活用するものである。まずは自力で挙上できるウエイトを扱ってトレーニングすることが大事だ。

筋トレ理論13

トレーニング前後の静的ストレッチは不要

トレーニング前のストレッチは完全に時代遅れだ。おそらく怪我の予防やパフォーマンスの向上を目的にやっている人が多いだろうが、**残念ながらトレーニング前の静的ストレッチは何の意味もないことがわかっている。**

怪我の予防効果がない（Jeppe Bo Lauersen, 2014）ばかりか、入念にやる場合は筋力低下（筋力が5・4％ダウン）などのパフォーマンスを下げる（Luka Simic, 2012）デメリットがあるのだ。研究報告の信頼性はピンキリだが、これらは信頼性が高く、科学的には「ほぼ確定した事実」と言っていい。

ここでいうストレッチとは「静的ストレッチ」という、体育の授業の前にやるような筋肉を引き伸ばしたまま15秒くらいキープするといった、一般的にイメージされるストレッチ方法だ。サッカー選手が試合前に動きながらやるブラジル体操やラジオ体操は「動的ストレッチ」で別物である。運動前の動的ストレッチは体温の上昇や関節可動域を広げることで、怪我の予防やパフォーマンスの向上効果がある。

なんとなく運動前に静的ストレッチをやっているのであれば、今後は動的ストレッチをやるようにしてほしい。本当に何もわからない場合はラジオ体操の中から自分が好きなものを抜粋してもよいし、ネットで「動的ストレッチ」と検索してもいい。私のように肩周りの関節が硬い場合は、肩を狙った動的ストレッチをやってもよい。私はトレーニング前には、プロアスリートの指導をしている理学療法士の先生に教えていただいた肩周りの動的ストレッチを、3種類必ず行うようにしている。

運動前のストレッチは特別な理由がない限りはウォームアップとしてやる意味はない。ただし、「どうしてもトレーニング前に静的ストレッチをやらないと気持ちが悪い」という人は、静的ストレッチでも30秒以内ならばパフォーマンスに影響しないと考えられているので、その範囲内でやればいい。

トレーニング前のウォームアップ方法

ウォームアップは動的ストレッチ→特異的ウォームアップの2つをやることが最も効率的だ。ウォームアップの目的は、怪我の予防とパフォーマンスの向上である。怪我の予防に加えてパフォーマンスを上げることで、より筋肉の成長につながるトレーニングをできるようになる。そのためには、①体温の上昇、②神経回路の活性化が必要となる。

特異的ウォームアップとは、トレーニング前に同じ動作を事前に軽い強度でやるというものである。たとえば、ベンチプレス60kgに取り組む前に、20kg→40kg→50kgと段階的に増やしていって、メインセットの60kgに到達する。教えられなくても誰もが自然にやっていることだ。

①体温の上昇（動的ストレッチ＆特異的ウォームアップ）

体温が上昇すると筋力や収縮速度が向上することがわかっている。体温が1℃上昇するだけで、筋力は約4～5％も向上する。トレーニング前にランニングやエアロバイクなどの有酸素運動を10～20分行えば、体温が2～3℃上昇すると報告されているが、動的ストレッチ（5分）と特異的ウォームアップ（5分）でも同様に体温上昇すると考えられる。

これでパフォーマンスが10％前後も向上する計算となるが、トレーニングの1種目目に体が温まりきっていなくても次第に体温は上昇するので、必ずしも事前にベストな状態を作る必要はない。

また、ウォームアップに10～20分程度の有酸素運動を推奨されることもあるが、有酸素運動は不要で、動的ストレッチと特異的ウォームアップを簡単にやるべきというのが私の意見だ。

有酸素運動には体温の上昇効果があるが、これはあくまで教科書的な手段である。トレーニング前に動的ストレッチをやるだけでも面倒なのに、有酸素運動を毎回律儀にやるトレーニーなど見たことがない。ただし、寒い時期あまりに体が動かないと感じる場合は、事前に有酸素運動を10分ほど行って体を温めてもいいだろう。

②神経回路の活性化（特異的ウォームアップ）

動的ストレッチの後に特異的ウォームアップをやる。これもパフォーマンスを向上させるために必要だ。事前に同じ運動を軽いウエイトで行うことによって、運動神経回路への出力の増加や、筋肉内のカルシウムイオンの増加など神経回路を活性化する効果がある。
筋肉を動かすメカニズムを簡単に説明すると、「脳から発信された電気信号が、運動神経（α運動ニューロン）を通って、筋肉の表面（筋鞘）に到達する。そして、カルシウムイオン（最終的に筋肉が動くことを命令する物質）が眠っている部屋（筋小胞体）に到達して、命令が筋肉の内部に伝わって収縮する」という流れだ。特異的ウォームアップはこの一連の流れを活性化させるため、パフォーマンスも向上するのである。

筋トレ理論14

初心者から使える有益なトレーニングテクニック

ここでは、初心者でも使えるトレーニングテクニックを紹介していく。初心者に使えるものは多くはないが、有益なものがあるので試してみるといい。ただし、テクニックはあくまでオマケであって、基礎の上に成り立つものであることは忘れないでほしい。

マインドマッスルコネクション（ＭＭＣ）

「俺はこの筋肉を収縮するぞ」と意識するだけで筋トレ効果が上がる。それが**マインドマッスルコネクション（ＭＭＣ）**だ。ターゲットの筋肉を強く意識することで脳の神経と筋肉がつながり、自然にその筋肉が使われやすくなるというメカニズムである。一部のトレーナーからは過大評価されたテクニックだという意見もあるが、**筋肉を意識するだけでトレーニング効果が上がるのだからやる方が得だ。**

少々スピリチュアルに聞こえるかもしれないが、科学的に証明された理論である。実際にニューヨーク市立大学の研究報告（Schoenfeldら、２０１８年）では、マインドマッスルコネクションによって５・５％ほど筋肉増加率が向上することが報告されている。

この研究では、トレーニング未経験者30人を対象として、腕（上腕二頭筋）と脚（大腿四頭筋）を週3回、計8週間トレーニングした結果、マインドマッスルコネクション有りのグループは上腕二頭筋のサイズ増加率が12・４％（無しのグループは６・９％）上昇しており、一方で大腿四頭筋のサイズに変化はなかった。

脚の筋肉に変化がなかった理由は、筋トレ未経験者は脚の筋肉にマインドマッスルコネクションを働かせるのは難しいからだと考えられている。腕の筋肉であれば、誰でも力こぶを作ったことはあるだろうが、特定の脚の筋肉を意識して動かす経験は一般的にはない。一方で、中級者以上になれば脚の筋肉を意識的に使う経験はあるので、マインドマッスルコネクションの効果が発揮されるのだろうと私は考えている。実際に私は脚やお尻の特定の筋肉をピクピクと動かせる。

また、マインドマッスルコネクションの応用として、メイン種目の前に効かせやすい別種目をウォームアップとして行う方法も有効だ。たとえば、バイセップカール（上腕二頭筋の種目）が苦手な場合は、コンセントレーションカールという上腕二頭筋が最も使われやすい種目を実施することで事前に神経を活性化できる。

コンセントレーションカールは、上腕二頭筋が稼働する割合が全ての種目の中で最も高く、誰でもダイレクトに効かせられる。他にはベンチプレスの前にバタフライマシンで大胸筋への神経回路をウォームアップするなど、複合関節種目でターゲットの筋肉を効かせにくいと感じている場合の一つの手段として取り組んでもよいだろう。

スーパーセット（時短テクニック）

スーパーセットは時間を節約したい時の有益なテクニックだ。通常のトレーニングの場合は、毎回のセット間で休憩時間が必要になるが、スーパーセットを活用することで、上腕二頭筋と上腕三頭筋、大腿四頭筋とハムストリングスのように、反対側の筋肉を交互に鍛えることで、パフォーマンスを落とすことなく、2種目を連続して行うことができる。

なぜ、これが可能なのかというと、表と裏で対になる筋肉は真逆の働きをするため、片方を鍛えている時は、もう片方は完全に休むような仕組みになっているからだ。上腕二頭筋は肘を曲げる働きをする筋肉、上腕三頭筋は肘を伸ばす働きをする筋肉なので、同時に使われることはなく、連続してトレーニングできるのである。

基本的には、上腕二頭筋と上腕三頭筋の種目がスーパーセットとして最も取り組まれている。時間を短縮したい時にチャレンジしてみるとよいだろう。私もよく使うテクニックだ。

筋トレ理論15

トレーニング効率を高めるグッズ3選

筋トレグッズは、トレーニング効率を上げ、怪我も予防できるコスパに優れた投資だ。ネットで購入できる1000~3000円程度の低価格の商品でもクオリティーが高く、十分に活用が可能。長く使えるので、いくつか試してみるとよい。購入するべきグッズを紹介していく。

①パワーグリップ（握力のサポート）

パワーグリップは、握力をサポートしてくれるグッズだ。握力を気にせずにトレーニングに集中できるメリットは大きい。主に広背筋などの背中のトレーニングの際に活用できる。背中を鍛えるトレーニング中には、鍛えている筋肉はまだ余裕があるのに、先に握力がなくなることがあるが、パワーグリップを使用すればその心配はない。

一般的には、デッドリフト、ベントオーバーロー、ラットプルダウンなどの背中の種目に使用されるが、レッグエクステンション（脚を鍛えるマシン種目）などの滑り止めとしても活用することができる。デメリットとしては、握力が鍛えられないことだけだ。

同じ機能として、リストストラップという紐状のグッズもあるが、いちいち巻きつけるのが面倒くさいので、おすすめしない。リストストラップの方がよりバーベルに密着して手を固定できるが、手軽さと天秤にかけると明らかにパワーグリップに軍配が上がる。

価格は２０００〜７０００円程度と幅がある。長く使うものなので高価なものを購入してもよいが、３０００円程度のものでも問題なく十分に活用可能だ。

パワーグリップ

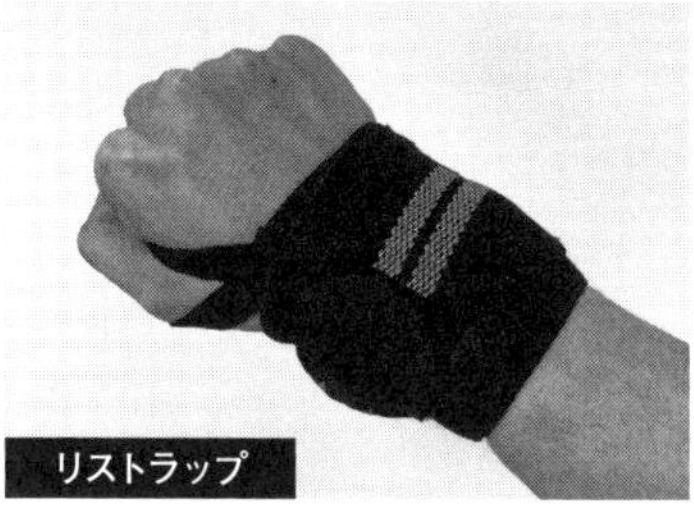

リストラップ

②リストラップ（手首の保護や固定）

リストラップは、手首に巻いて固定や保護ができる布バンドだ。怪我の予防とベンチプレスなどで手首が固定して、フォームが安定する効果がある。手首は肘や肩と同様に筋トレで最も怪我をしやすい場所だ。

「手首が痛くなる」という人はとても多いので、事前に手首を保護しておいて損はない。特に初心者はフォームが定まっていないので、気づかないうちに手首に疲労が蓄積して怪我が慢性化することがある。もし手首を怪我すれば、1ヶ月以上はトレーニングに支障が出ることになり、日常生活にも問題が生じる。1000円程度のものでも十分に活用できるので、ぜひ購入をおすすめする。

③肘のサポーター（肘関節の保護）

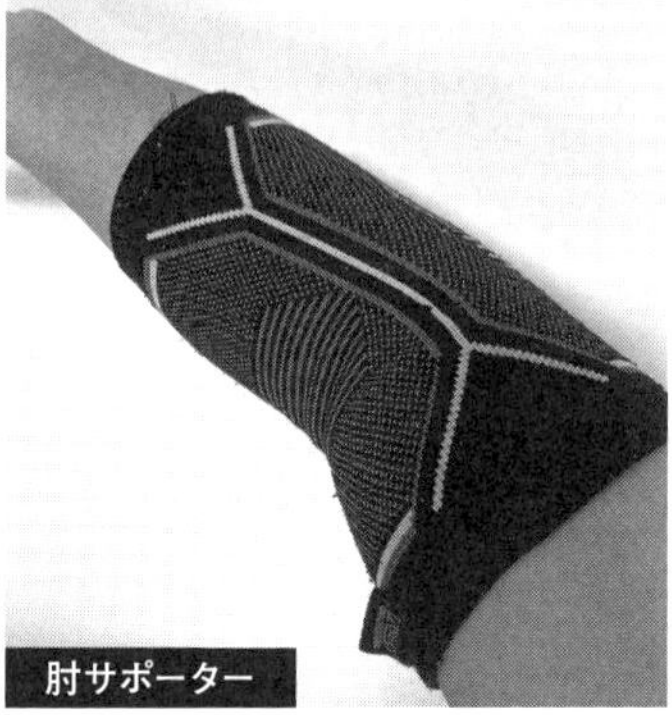

肘サポーター

肘は手首と同様に最も怪我をしやすい部位だ。それを保護してくれるのが肘のサポーターだ。肘関節に大きな負荷がかかる上腕三頭筋のトレーニングで効果を発揮する。上腕三頭筋はとても強い筋肉なので高重量を扱えてしまうが、この時には肘関節に大きな負荷がかかる。

私自身もプッシュダウン種目ではあまり使用しないが、スカルクラッシャーといった肘への負担が大きいプレス系の種目の際は、高重量を扱うことが多いので、必ずサポーターを装着するようにしている。

肘のサポーターは一度使うと効果を実感できるので、継続使用する人が多いグッズだ。

その他のトレーニンググッズ

その他、トレーニンググローブ、マウスピース（マウスガード）を状況に応じて活用してもよいだろう。トレーニンググローブは手にできるまめを予防してくれるので、手先を使う仕事をしている人にはおすすめだ。

また、トレーニング中に歯を食いしばるクセがある人は歯がボロボロになってしまうので、マウスピースの使用がおすすめだ。歯科医院に行けば、数千円で型取りしたマウスピースを作ってもらえる。

歯の食いしばりは無意識なことが多く、自分で気づくのは難しい。疑わしい場合は、まず舌の裏側に「骨隆起」ができているか確認するといい。これは睡眠中や日常生活などでの食いしばり癖の特徴の一つで、食いしばった結果、本来は飛び出すことのない骨が隆起したものだ。天然の歯は1本100万円の価値があると言われる。マッチョになっても歯がボロボロでは残念すぎるので、しっかりと対策をしておきたい。

第 3 章

フィッシャーマン式
筋トレプログラム

1 フリーウエイトは初心者こそおすすめ

この章では、具体的にどのトレーニング種目をどんなプログラムでやればいいのかを紹介していく。私としてはフリーウエイトがイチオシだが、まだフリーウエイトが怖い人や、自宅で本格的な筋トレを始めたい人など、全ての初心者が本格的な筋トレを始められるように、フリーウエイト中心、マシン中心、家トレの全3パターンに分けている。

筋トレにおけるプログラムは、料理のレシピのようなものである。レシピ通りに作れば、だいたい美味しい料理が作れるように、筋トレもトレーニングプログラムに沿ってやれば、だいたいたい成果を得られる。欧米圏のジムでは、プロのトレーナーがトレーニーの要望に沿ったプログラムを作成し、それに沿ってトレーニングをするのが一般的である。

本来筋トレは、その日の気分でやるのではなく、トレーナーが作成したプログラムを実施すべきものである。特に筋トレのコツを掴んでいない初心者は、トレーニングプログラムに沿ってやる方がいい。そうしないと、偏った部位の筋肉を鍛えすぎたり、適切な頻度と量でトレーニングできなかったりする。

初心者は万人に共通するベーシックなプログラムから開始するのが一般的だ。初心者プログラムを何周か終了した時点で、細マッチョ程度の筋肉量にはなれる。中級者にレベルが上がった際には、新たに適切なトレーニングプログラムを組めないと停滞するので、自分に適したプログラムの作成がここでも必要になる。

部位を分けてトレーニングするべきか

筋トレを本格的に始める際に「部位を分けてやるべきか」という疑問がわくかもしれない。この部位を分けてトレーニングする方法のことを、分割法と呼ぶ。たとえば、月曜日は胸、水曜日は脚と日ごとに鍛える筋肉を分割して鍛えるのである。

実は初心者の場合、分割せずに1日で全ての筋肉を鍛える「全身トレーニング」から始め、中級者になったら2～3分割に移行するのが筋トレのセオリーだ。

初心者が最初は全身トレーニングに取り組むべき理由は、分割する必要がないからであ

る。初心者は筋肉を増やすために必要なトレーニング量が少なく、1日で全ての筋肉を鍛えられる。トレーニング量が少ないので回復も早く、中1日〜2日でもトレーニングが可能となる。同じ筋肉を高頻度で鍛えるのでフォームの習得も早く進む。ジムに通う回数も少ないので継続も容易だ。

一方で、中級者以上は、必要なトレーニング量が倍以上に増えるため、分割が必要になる。中級者の場合は種目数もセット数も多く、上級者はなおさらだ。ネット上には「筋トレのベストな分割法は何か」という記事も多いが、それは正しくない。なぜなら、万人に効果的な分割法など存在せず、自分に適したものを選ぶべきだからだ。

フリーウエイトVSマシン

フリーウエイトとは、ダンベルやバーベルを使ったトレーニングである。本格的なトレーニングは必ずフリーウエイト中心となるが、運動経験の少ない人や高齢者はマシントレーニングから始め、ジム通いや筋トレに慣れた後にフリーウエイトを徐々に取り入れていくのが一般的だ。

フリーウエイトの最も大きなデメリットは「危険性」と「わかりにくさ（取り掛かりにくさ）」である。初心者時代の私もそうだったが、転倒したらどうしようとか、ベンチプレスで挟まれたら、などフリーウエイトに恐怖を感じる人は多いはずだ。

マシンのように安全は確保されていない。何より最初はどんなフォームでやればいいのか全くわからないし、何が間違っていて何が正解なのかもわからないことが、フリーウエイトのデメリットだ。

トレーナーや筋トレガチ勢の中では、「フリーウエイトから始めるべき」という意見は多いが、これらの点でマシントレーニングから始めるのは決して悪い選択肢ではない。ただし、本格的な筋トレはマシンだけでは不可能だ。**必ずどこかのタイミングでフリーウエイトに挑戦する必要がある。**おすすめのステップアップは次のようになる。

未経験→初心者：マシン中心で体作り。筋トレに慣れる
初心者→初中級者：フリーウエイト種目でできそうなものにチャレンジする
初中級者→中級者：フリーウエイトの基本種目中心
中級者：フリーウエイト＆マシン

これで難なくレベルアップできる。中級者になってマシンを再び取り入れる理由は、基礎→応用のような形で、フリーウエイトでフォームを習得すると、マシンも筋肉の成長に効果的に使いこなせるようになるからである。

フリーウエイトをやるべき理由

筋トレ未経験者は「正直、マシンで十分だろ」と思っている人が多いが、それは間違いである。フリーウエイトが中級者や上級者向けで、マシンが初心者向けではない。気分転換レベルならマシンや自重トレでちょうどよいが、「筋肉を増やしていい体になる」という目的の場合、マシンでは全くもって物足りない。

なぜなら、**自分の筋肉に効くフォームはフリーウエイトでのみ身につくからだ**。フリーウエイトの一番のメリットは自分の骨格に合った自然なフォームで取り組めること。

一方マシンでは、決まった軌道に自分のフォームを合わせる形になり、マシンではフォームの習得は進まない。マシンは平均的な体格をモデルに作製されており、身長160㎝

と180㎝の人も同じ軌道になる。特に外国人の体格を想定して作られた海外製のマシンは、日本人には合わないものが多い。

野球で間違ったフォームで素振りを繰り返してもヒットが打てないように、筋トレでも自分の体に適切なフォームで取り組まなければ、ターゲットの筋肉に効かせられなかったり、重量を増やしていく過程で怪我のリスクは高くなる。

フリーウエイトで最初にやるべき種目

筋トレでの体の使い方は、主に6種類（スクワット、ヒンジ、プッシュ、プレス、ロー、プル）である。初期に基本動作6種で体の使い方を習得することで、新しい種目に取り組んでも容易にできるようになる。これは英語で言えば、アルファベットのABCの書き方を覚えるようなもので、全てのトレーニングの基礎になる。

たとえば、大胸筋に効かせる「プッシュ」という動作は腕立て伏せ、ベンチプレス、ダンベルプレス、チェストプレスマシンに共通しており、大胸筋だけに効かせる動作（フライ系）がダンベルフライ、ケーブルクロス、バタフライマシンなどになる。初期にプッシュの動作を習得するだけで、同じ動作の全ての種目ができるようになる。

もちろん、マシンを使いこなすことも容易になる。だから、「初心者のゴールは基本動作習得」と言われ、最初に基礎的なフリーウエイト種目でフォーム習得をすることが推奨されているのである。

「フォーム習得がゴールなんて地味すぎる。即効性がある効果がほしい」と思うかもしれないが、実はこの過程で筋肉はかなり増える。最初期だけはとにかく続けさえすれば筋肉は増えるからだ。

第2章で説明した通り、筋肉を増やす方法は「自分の筋肉の能力よりも厳しい環境を与えること」である。ダンベル一つ握ったことのない最初期だけは、何をしても筋肉の成長が促される。

また、エアロバイクを漕いでいるだけでも脚の筋肉が増えるし、体を支える腹筋なども鍛えられる。自重トレで適当に腕立て伏せするだけでも、何もわからずにダンベルを振り回しているだけでも多少の筋肉は増える。

フリーウエイトは難しいのか

「フリーウエイトは難しい」というのは間違った思い込みだ。たしかにフリーウエイトはマシンと異なり、やり方によって0点もあれば100点のトレーニングにもなる。だが、未経験から80点のフォームに持っていくのは、さほど難しいことではない。

そもそもフリーウエイトが難しいものならば、世界中で老若男女がこれだけ取り組んでいない。簡単だから、みんなやれているのである。中高年も含めて、世界中の筋トレ初心者も取り組んでいる。

誰かに一通りフォームを教えてもらいさえすれば、フリーウエイトはそれほど難しいものではなくなる。もちろん、最初から上手くできることはなく、何度か繰り返してできるようになるから、それまでは腐らずに繰り返す根気が必要となる。

そもそも自重トレもマシンもフリーウエイトも動きは同じだ。自重トレのスクワットにバーベルを担いだのがバーベルスクワットであるし、腕立て伏せを仰向けにしてバーベルを持ち上げるのがベンチプレスである。フリーウエイトを敷居が高く感じるかもしれないが、実際にやっていることは同じである。

2

初心者向け「フリーウエイト」プログラム

では、具体的なトレーニングプログラムを紹介していく。最初は「初心者はとりあえずこれをやれ」という超基本のプログラムだ。

筋トレフォームの「型」が詰まった筋トレの基本動作6種（スクワット、ヒンジ、プッシュ、プレス、ロー、プル）を取り入れて、最初の4〜6週間（STEP1）と次の4〜6週間（STEP2）の2段階に分けて作成した。

最初の4〜6週間（STEP1）

初心者のトレーニング種目選択のよくあるミスは、細かい筋肉を鍛える単関節種目を入れすぎることである。ジムで取り組んでいる人は多いが、全体の筋肉量自体が少ない初心

STEP1（期間:4〜6週間、目的:フォームの習得、所要時間:60分）							
種目	難しい場合	セット数	反復回数	余力	休憩時間	ターゲット	動き
バーベルスクワット	ゴブレットスクワット	3	10〜15レップ	2レップ	1〜2分	脚お尻	スクワット
デッドリフト	スキップ	3	10〜15レップ	2レップ	1〜2分	脚背中	スクワットヒンジ
ベンチプレス	ダンベルプレス	3	10〜15レップ	2レップ	1〜2分	胸	プッシュ
ラットプルダウン（チンニング）	—	3	10〜15レップ	2レップ	1〜2分	背中	プル
ショルダープレス	—	3	10〜15レップ	2レップ	1〜2分	肩	プレス
ベントオーバーロー	シーテッドロー（ダンベルロー）	3	10〜15レップ	2レップ	1〜2分	背中	ロー

者段階でバイセップカール（力こぶ、上腕二頭筋を鍛える種目）、フロントレイズ（肩の前側を鍛える種目）などはあまり必要ない。

初心者〜中級者の基本は、大きな筋肉を鍛える複合関節種目を中心に取り組むことである。このプログラムは王道の基礎種目のみで構成している。

これらは全て基本種目ではあるが、絶対にやるべきというものではない。まず、ジムの環境やその時点の個々人の運動経験や筋肉量によって上手くできる種目とできない種目がある。だから、繰り返しやってもできそうにないと感じた場合は、より簡単な種目に入れ替えていい。

トレーニング種目の入れ替え例
・バーベルスクワット→ゴブレットスクワット
・デッドリフト→スキップ
・ベンチプレス→ダンベルプレス
・ベントオーバーロー→シーテッドローイングか、ダンベルローイング

このプログラムでの懸念は、ベントオーバーローである。この種目ができれば他のローイング系種目を習得できる汎用性があるので入れたが、姿勢を維持するのが難しく、最初からうまくできる初心者は少なく、中級者でも上手くできない人が多い。もしベントオーバーローが難しい場合は、難易度の低いシーテッドローイングかダンベルローイングに変えてほしい。

最初は積極的にトレーナーに聞く

とにかく理解してほしいのは、最初から上手くトレーニングできる人など存在しないということだ。未経験者が事前にフォームを学んでいたとしても、最初から完璧にできるこ

STEP1		
期間	4〜6週間	フォームがうまくできるようになった時点でSTEP2に移行する。
頻度	2〜3回／週	月→水→金のように中1日、週3回を奨励するが、回復が間に合わない場合や時間が確保できない場合は週2回でも十分。
トレーニング時間	45〜60分	トレーニングに集中したいので、時間はあまり気にしすぎない方がよいが、結果的に45〜60分に収まるはずだ。
反復回数	10〜15回（余力2回）	最初の1〜2週間は筋肉痛回避のために軽めにやる。限界まで追い込まずに1〜2回ほど余力を残してやる。
目的	フォームの習得 筋トレの習慣化	フォームがわからない場合はすぐに聞く。野球の素振りのようにフォームを覚える。重量はあまり意識せずに、適切なフォームでやることに重点を置く。

とはない。継続しながら次第に様になっていくものだからだ。

上達の近道はトレーナーを積極的に利用することだ。知り合いのマッチョやパーソナルトレーナーに教えてもらうのが理想的だが、一般的なフィットネスジムであれば、5〜10分程度のスポット指導は無料なので、それを活用するのがよいだろう。

その時の注意点は「マッチョのトレーナー」に指導をお願いすることだ。一通り研修を終えてはいるが、あまり筋トレに詳しくないハズレトレーナーもいるからだ。ジムであまり詳しくないトレーナーが間違った指導を平気でしている場面にもよく出くわす。

マッチョであるほど指導力が高いわけではな

いが、知識がなければ筋肉を付けることは難しい以上は最低限の知識が保証されるので、マッチョに聞くことをおすすめする。

トレーニング頻度と時間

1回のトレーニング時間が約45～60分。月曜日(→水曜日)→金曜日のように週に2～3回やる。週3回が理想ではあるが、体が持たない場合や忙しい場合は週2回でも十分だ。注意点としては、最初の1～2週間は筋肉痛になりやすいので、軽めに抑えておくこと。

反復回数と目的

この初心者プログラムでは重量をあまり増やす必要はない。最初期では、あくまで「フォームの習得」が目的なので、とにかく続けること。継続だけでも筋肉は付いていくので焦らずに進めてほしい。

反復回数は10～15回の範囲で、フォームを崩さずに限界手前の約1～2回ほど余力を残して各セットを終える。

最初は誰でも上手くできないが、地道に続ければ、4～6週間後にはある程度はフォームも体も様になる。トレーニング開始前と6週間後を比べると成長を実感できるはずだ。
筋トレを始める前の体を撮影しておくと、後々のモチベーションになるのでおすすめだ。日々の変化は小さいので気がつかないが、月単位で見返していくと徐々に変化していることがわかる。

次ページからは基本6種目について、ポイントを中心に簡単に解説していく。重要なポイントを解説したつもりだが、もし挙動がいまいちわからなければ、YouTubeなどでトレーニングフォーム動画を確認してほしい。

筋トレ種目1

バーベルスクワット

スクワットは「**キング・オブ・エクササイズ**」と呼ばれる筋トレ種目の王である。体全体の筋肉の約70％を占める下半身を鍛えられるので必須種目となる。もし、1種目だけしかできないのなら、ほとんどのトレーナーが選ぶ超優良種目だ。

初心者でよくあるミスは、上半身ばかり鍛えてしまい、下半身は手つかずでつまようじのような脚になってしまうことである。下半身こそ優先して鍛えなければいけない。

最も重要な体の使い方「腹圧」

最初に、全てのトレーニングの良し悪しを決める必須の体の使い方を押さえておこう。それは「**腹圧を高めること**」である。これを意識していない筋トレ初心者は多いので、ぜひ事前に知っておいてほしい。

腹圧とは、お腹の圧力のこと。息を吸って下っ腹に空気を押し込んだ（横隔膜を下げる）状態で腹筋を固くし、お腹の内部の圧力を高められる。すると、良い姿勢を維持して力を発揮できる。あらゆるトレーニングは腹圧を高めた上で行うことが基本だ。

腹圧は全く難しくない、日常でも無意識にやっていることだ。たとえば、床から重いものを持ち上げる時には、自然と下っ腹に多少の力が入る。これが腹圧の高まっている状態である。他にも感覚がわかる例としては、変な話だが、トイレの大の時はお尻をいきんで圧をかけている。同じことをお腹でやるイメージだ。

具体的な腹圧の高め方は次の通りだ。

①息を軽く吸い込む
②空気を下っ腹に押し込む
③腹直筋を固める。下っ腹に溜まった圧力を腹筋で固定するイメージ

これを意識的にやることで怪我を予防でき、より重いウエイトを扱えるので、効果的なトレーニングができる。

❶ バーベルスクワット

1
お腹の下に空気を押し込
んだ上で、腹筋を固くする
（腹圧を高める）
足先を15 ～ 30度
外に向ける
FRONT
BACK
2
膝は素直に足先の方向へ。
内側に入れて屈伸しない
3
胸を張る。猫背に
ならないように
太ももが床と平行以下
になるまで下ろす

首の付け根(肩)に
バーを乗せる。
ローバースクワット
の場合は肩甲骨の上
部3分の1あたりに乗
せる(1も同様)
6
5
終始背中を丸めない
ように気をつける
4

膝を内側に入れると怪我をする

動作は肩幅に両足を開き、つま先を30度ほど外に向けて屈伸する。よくあるミスは、屈伸する際に膝を内股側に入れてしまうことである。膝を怪我する主な原因になる。特に高重量のスクワットになると、力を入れすぎて膝が内股側に入りがちなので注意が必要だ。スクワットの基本的なフォームは深く、斜め外側に屈伸する。

膝はつま先より前に出てもいい

よく言われる「つま先よりも膝が前に出てはいけない」というのは間違いで、個人の骨格とフォーム（バーベルを担ぐ位置など）によっては出る場合もあるし、膝が前に出ることで怪我をするわけではない。

現に重量挙げのスナッチという種目では、膝がつま先より完全に出るフォームで超高重量のバーベルを持ち上げるが、選手は膝を怪我しない。

スクワットには首の根元でバーベルを担ぐハイバーと、肩の下で担ぐローバーの2種類がある。「バーベルを担ぐ位置によって膝が出ない」と言ったが、多くの場合、ハイバーで担ぐと膝は出るし、ローバーだと膝は出ない。

ハイバーでは脚の前側の筋肉が鍛えられて、ローバーの場合はヒンジの動作が入るため、脚の後ろ側の筋肉やお尻が鍛えられる。

初心者の場合は、首の根元に担ぐハイバーが主流になる。より簡単だからである。はじめはつま先を外に開き、意識せずに首の根元でバーベルを担いで、そのまま膝は外向きで屈伸する。お尻と床が平行になるまで、しっかりと下げて戻る。これがスクワットの正しいフォームだ。

ソールが柔らかいシューズは危険

重量を上げるにつれて、ソールが柔らかいランニングシューズなどでのスクワットは危険になるので、できればソールが硬いスニーカーやフットサルシューズが望ましい。

私も筋トレを始めたばかりの時に、ランニングシューズを履いて140kgのバーベルスクワットを実施したら見事に転倒した。セーフティーバーを設置していたので怪我はなかったが、しばらくバーベルスクワットに恐怖を感じていた。高重量のスクワットに取り組む際は、シューズの選択にはくれぐれも気をつけてほしい。

バーベルスクワットが難しければゴブレットスクワットを

筋トレを始めたばかりの頃は、バーベルを肩に乗せる動作は難しいかもしれない。その場合は、ダンベルを使ったゴブレットスクワットをおすすめする。ゴブレットスクワットはダンベルを前で抱え込むスクワットで、高重量を扱うことは難しいが、そのぶん簡単に取り組める種目だ。

赤ちゃんを抱きかかえるように、ダンベルを体の前に両手で支えてスクワットをする。最初はゴブレットスクワットから始め、慣れてきたらバーベルスクワットに移行してもよいだろう。

筋トレ種目2

デッドリフト

デッドリフトは、背中から足まで体の後ろ側の筋肉全体を鍛えられる優れた複合関節種目だ。基本動作としてはスクワット、ヒンジの動作が入っている。様々な筋肉を働かせることで、全てのトレーニング種目の中で最高重量を扱うことができる。

しかし、腰痛持ちの人にはおすすめできないし、騒音の問題から禁止のジムもあるので、人と環境を選ぶトレーニング種目とも言える。

フォームの一番のポイントは、バーベルを常に体の重心（ミッドフット）から真上に向かって引くことである。バーベルはヘソの下に位置するようなイメージで、すね↓膝↓もも↓股関節と脚に接触させるほど近い位置で引く。

よくあるミスは、バーベルが肩の真下に位置したままで動作してしまい、腰の下部を傷めることである。バーベルは弧を描くような軌道で引くのではなく、床からヘソに向かって真上に引くことが大事だ。

❷ デッドリフト

1

肩を落として胸を張る
(ベンチプレスと同じ)
腹圧を高める
バーは足の中心の真下に置く。
肩の真下よりも体側に寄せる

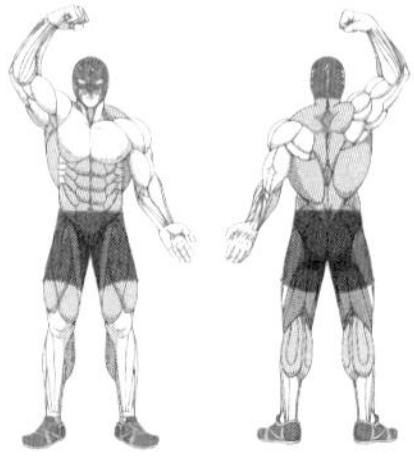
FRONT
BACK

2

バーをできる限り足に近づけて
引く。動作中は常に体側にバー
を押し付ける(ズボンをはいて
接触しながら引くのが理想)

3

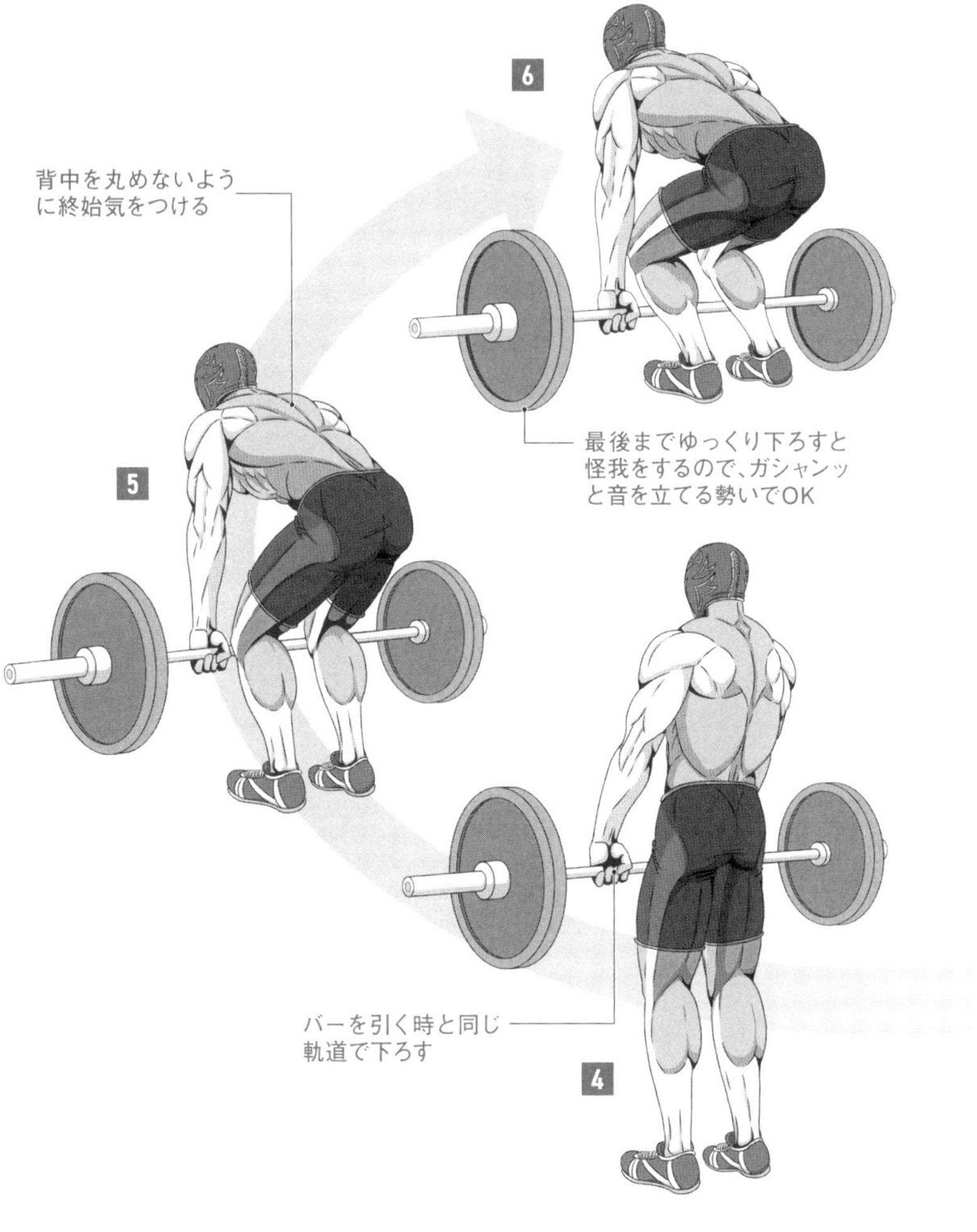
6
背中を丸めないよう
に終始気をつける
最後までゆっくり下ろすと
怪我をするので、ガシャンッ
と音を立てる勢いでOK
5
バーを引く時と同じ
軌道で下ろす
4

筋トレ種目3

ベンチプレス

ベンチプレスには簡単なイメージがあるかもしれないが、基本6種目の中で最も注意点が多い。グリップの握り方、肩甲骨のポジション、胸郭の動き、手幅、肘の張り具合など、細かい注意点が多く、適切なフォームでやるのは結構難しい。

フォームの一番重要なポイントは胸を張ることである。具体的には耳と肩の位置を意識する。肩を耳より後ろに下げて下に落とす。この肩（肩甲骨）の位置をキープしたまま、ベンチプレスの動作をすることが重要だ。

これによって起始停止の法則（筋肉の端と端が近づくと、その筋肉を鍛えられる）が働くので、大胸筋を鍛えることができるようになる。

一方最悪のフォームは、動作中に肩（肩甲骨）が動いてしまうことである。とにかく肩は一切動かさずに固定することがポイントだ。

上手く大胸筋を鍛えられない場合は、肘の動きに注目する。まず肩が耳より後ろ（床側）

③ ベンチプレス

FRONT
BACK
親指の付け根から小指側は手首の付け根にかけてグリップする
胸を張り、乳頭と肩に段差をつくる
背中(腰)部分に適度なアーチをつくり、平らにしない
両足で床をふんばり、頭の方向へ軽く押す
胸を張った姿勢を終始キープする
脇を75度ほど開く。真横に肘を張らない
前腕は床に垂直
乳頭の付近にバーを下ろす
お尻を終始浮かさない

になって動いていないか確認した上で、動作中に肘が胸の内側に近づくようになっているかを確認する。

大胸筋の起始停止は上腕と胸の中心なので、上腕(肘)が胸の内側に近づく動作になっていれば、大胸筋を鍛えることができるはずだ。また、グリップなどの細かい握り方などは、私のnoteでも写真付きで解説しているので参考にしてほしい。

難しい場合は、ダンベルプレス

通っているジムに設備がない場合、ベンチプレスが難しい場合は、ダンベルを使ったダンベルプレスがおすすめだ。基本的な動作は同じだが、ダンベルにはバーベルのように手幅やグリップに細かい制約がないので、簡単に取り組める。

筋トレ種目4

ラットプルダウン(チンニング、懸垂)

ラットプルダウンは広背筋をメインとして僧帽筋、上腕二頭筋、三角筋の後部を鍛えられる複合関節種目である。基本6種目の中で唯一のマシン種目だ。

一般的に、初心者向けプログラムでは「ラットプルダウンではなく、懸垂(チンニング)をやれ」と主張するトレーナーは多いが、私はそうは思わない。

というのも、初心者にとって自分の体重を支えて引き上げるという動作は難しすぎるからである。体重70kgの人が懸垂をするのは、ラットプルダウン70kg(男性の初心者でも30〜40kgが妥当)をやるようなもので強度が高すぎる。

これで正しいフォームを身につけるのは難しい。ただし、下半身の筋肉量が少なく、上半身の筋肉が発達しているタイプの人は、体重が軽いので初心者でもできる場合がある。順番としては、ラットプルダウンで筋肉量を増やした後に、懸垂に取り組むのがスムーズなステップアップである。

胸を張って、肘を腰に近づける

肩幅よりも少しだけ広くバーを握って、胸を張ってバーが鎖骨付近に到達するように引く。そして、ウエイトの重みを感じながら腕を伸ばして動作は終了。

④ ラットプルダウン

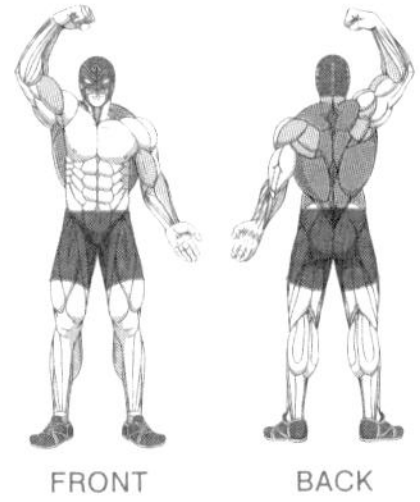
FRONT
BACK

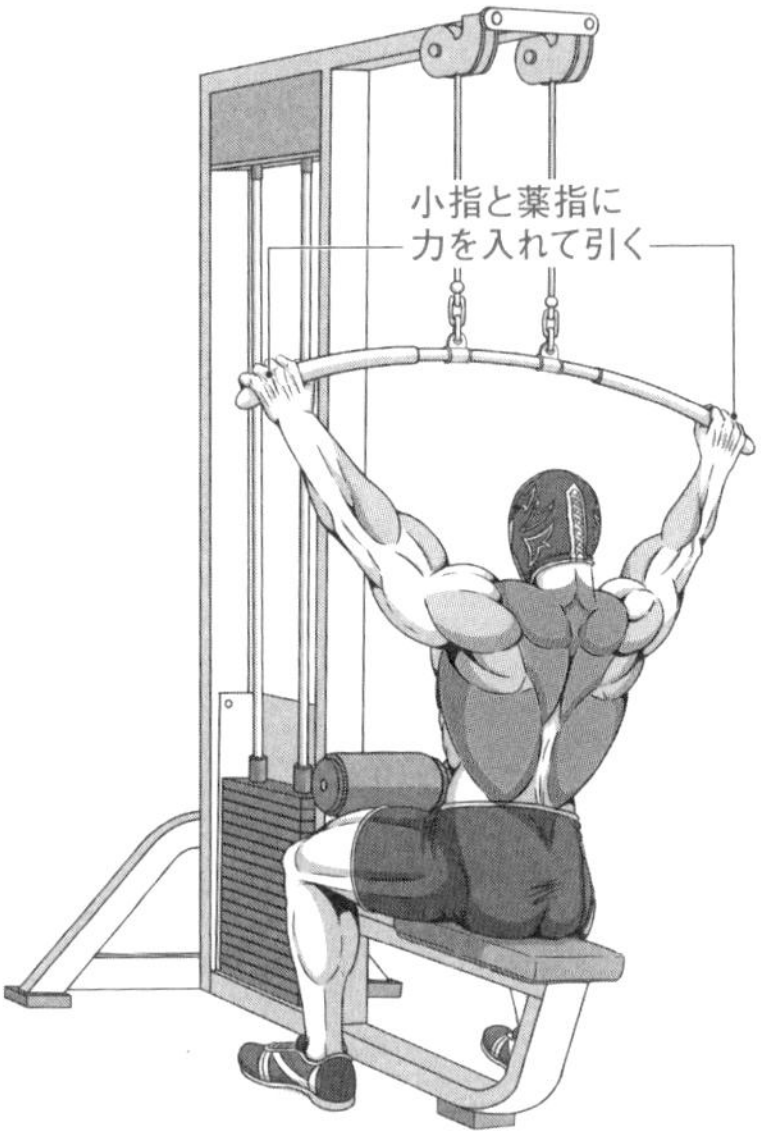
小指と薬指に
力を入れて引く

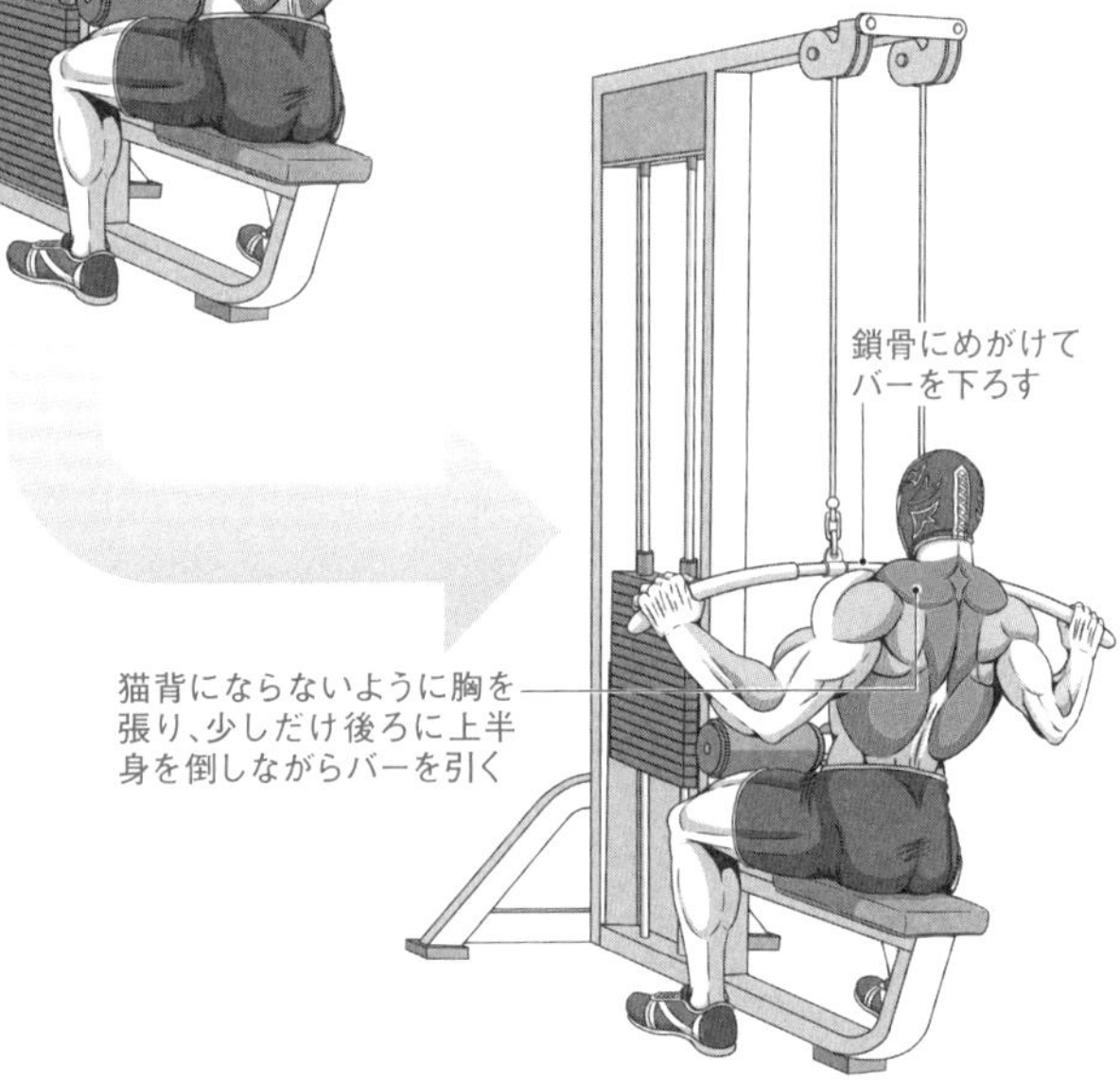
鎖骨にめがけて
バーを下ろす
猫背にならないように胸を
張り、少しだけ後ろに上半
身を倒しながらバーを引く

ポイントは上腕（肘）を腰に近づけること。これが「プル」という動きである。広背筋は上腕から腰にかけて広がる筋肉なので、起始停止の法則に則って上腕を腰に近づけることで広背筋を鍛えられる。

最初の段階で覚える必要はないが、グリップを握るスタンスの広さで鍛える筋肉は変わる。手幅が広い場合は広背筋の上部と僧帽筋が鍛えられる。逆に手幅が狭ければ広背筋の下部と上腕二頭筋への刺激が高くなる。

筋トレ種目5
ダンベル・ショルダープレス

肩（三角筋）の前側を鍛える種目だ。海外の初心者向けプログラムでは、「ミリタリープレス」と呼ばれるバーベルを使ったショルダープレスがよく採用されているが、日本ではあまり馴染みがない。ダンベルを使用した種目に比べて少し難しいので、ダンベル・ショルダープレスの方が取り組みやすいはずだ。

意外かもしれないが、三角筋は上半身の中でも最も体積が大きく、全身でも4番目に巨大な筋肉だ。三角筋は前部、中部、後部と3つに分かれており、ダンベル・ショルダープレスでは前・中部を鍛えられる。割合としては、前部が70%、中部が30%となる。

肩の筋肉は、何も考えずにトレーニングしていると、前部ばかりが鍛えられるので注意が必要だ。というのも、肩のトレーニング種目だけでなく、ベンチプレスのような大胸筋を鍛える種目でも三角筋の前部が補助的に鍛えられるからである。

三角筋の後部も同様に広背筋などの背中のトレーニングでも鍛えられるため、基本的には中部だけが取り残されることになる。だから、肩を意識的に鍛えている人とそうでない人の体つきは明確に違うのである。

三角筋は逆三角形の体型の頂点になるので、発達していると見た目がかなり映える。初心者には必要がないが、中級者以上で逆三角形の体型を手に入れたい場合は、三角筋中部を鍛える種目（アーノルドプレス、サイドレイズなど）を取り入れるとよい。

⑤ ダンベル・ショルダープレス

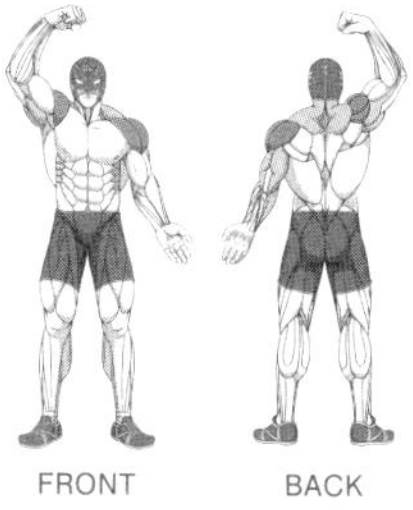

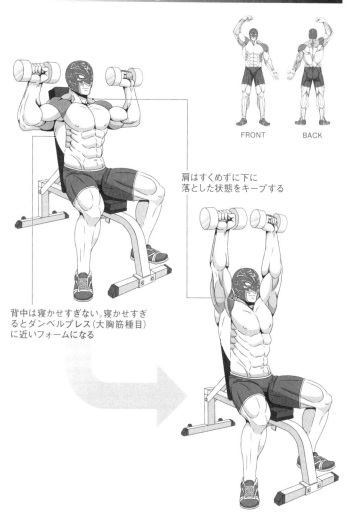

FRONT
BACK

背中は寝かせすぎない。寝かせすぎ
るとダンベルプレス（大胸筋種目）
に近いフォームになる

肩はすくめずに下に
落とした状態をキープする

筋トレ種目6

ベントオーバーローイング

背中の筋肉全体と上腕二頭筋を鍛えられる複合関節種目である。最初は20kg～40kgぐらいから始めるとよい。身長や体重にもよるが、中級者になると60kg、上級者になると100kg以上を扱える種目である。

この種目の良い点は最初に上手くできるようになれば、マシンやフリーウエイトなど他のローイング系種目がすべてできるようになることだ。一方で問題は、基本種目でありながらコツを掴むまで苦労するということだ。正直、この種目は少々難しい。筋トレ未経験者には見る機会の少ない種目なので、最初は戸惑うかもしれない。

とはいえ、ローイングという動作自体は「運動会の綱引きのような腕の使い方」で、さほど難しいわけではない。ベントオーバーローに取り組む際は、肘を後ろに突き上げるようにすると上手くできる。取り組むのが難しい場合はシーテッドローか、ダンベルローイングに替えるとよいのは前述の通りだ。

❻ ベントオーバーローイング

FRONT
BACK
動作は腕を肩から宙づり状態からスタートではなく、バーを少しだけ体側に寄せて開始する（広背筋に負荷が乗るように）
小指と薬指側に力を入れて握ってバーを引く
バーを持ち上げるのではなく、肘を真上に突き上げるイメージ
おへそに向かってバーを引く

次の4〜6週間（STEP2）

STEP2からは反復回数を8〜12回の範囲にして、本格的に負荷を増やしていく。この時の注意点はフォームを崩さないことだ。反動を使って無理やり持ち上げたりしない。適切なフォームを守った上で負荷を継続的に増やすことで筋肉も増えていく。

このプログラムが終了した時点で、筋トレの基礎は身についているので、新しい種目に挑戦してもよいだろう。スクワットはブルガリアンスクワット、ベンチプレスはダンベルプレス、ラットプルダウンはチンニング（懸垂）、ミリタリープレスはダンベルプレスやアーノルドプレス、ベントオーバーローはダンベルローのように、主にダンベルを使用した種目に挑戦する。ダンベルはバーベルよりも不安定で動きの自由度が高いので難易度は高くなるが、基本種目のフォームが習得できていれば、容易に取り組めるはずだ。

回復までに掛かる時間が長くなり、毎回のトレーニングで反復回数やウエイトを増やせなくなったら、全身トレーニングでは筋肉が増えにくい体になっているので、分割法というレベルアップした領域に移行する。早ければ数ヶ月以内になるだろう。

STEP2（期間:4～6週間、目的:フォームの習得、所要時間:60分）						
種目	セット数	反復回数	余力	休憩時間	ターゲット	動き
バーベルスクワット	3	8～12レップ	1～2レップ	1～2分	脚 お尻	スクワット
デッドリフト	3	8～12レップ	1～2レップ	1～2分	脚 背中	スクワット ヒンジ
ベンチプレス	3	8～12レップ	1～2レップ	1～2分	胸	プッシュ
ラットプルダウン（チンニング）	3	8～12レップ	1～2レップ	1～2分	背中	プル
ショルダープレス	3	8～12レップ	1～2レップ	1～2分	肩	プレス
ベントオーバーロー	3	8～12レップ	1～2レップ	1～2分	背中	ロー

STEP2		
期間	4～6週間	このプログラム終了後は、継続してこのプログラムを実施してもよいし、新しい種目を取り入れたり、2～3分割法に移行してもよい。
頻度	2～3回／週	月→水→金のように中1日、週3回を奨励するが、回復が間に合わない場合や時間が確保できない場合は週2回でも十分。
トレーニング時間	45～60分	トレーニングに集中したいので、時間はあまり気にしすぎない方がよいが、結果的に45～60分に収まるはずだ。
反復回数	8～12回 （余力2回）	フォームを崩さないようにしながら負荷を増やしていく（負荷の増やし方は第2章参照）限界まで追い込まずに1～2回ほど余力を残してやる。
目的	フォームの習得 筋トレの習慣化 筋肉の成長（筋肥大）	引き続き、フォームを重視して行うように。負荷を増やしていくので、それにつれて筋肉も増えていく。トレーニングノートを作成して、各種目の反復回数と使用重量はメモする。

3

初心者向け「マシントレ」プログラム

フリーウエイトをおすすめしてきたが、運動が苦手な人や女性には、パーソナルジムなどでの直接指導もなく、一人でフリーウエイト中心から始めるのは難しいかもしれない。その場合は、最初はマシントレーニングから始めるのもおすすめだ。マシンで筋トレに慣れて、体作りをしながら徐々にフリーウエイト種目に移行すれば、難なくステップアップできる。

ただし、前述の通りマシンだけのボディメイクには限界があるので、どこかでフリーウエイトにもチャレンジするタイミングが来る。マシンだけでも筋肉を大きく増やせないかと思うかもしれないが、ジムでマシン中心とフリーウエイト中心のトレーニーの体の違いを見れば、結果は一目瞭然のはずだ。

表で紹介するのは、全身の筋肉を一通り鍛えられる5種目だ。一般的なジムであれば、

マシン中心トレーニング（所要時間:30〜40分）					
種目	セット数	反復回数	余力	休憩時間	ターゲット
レッグプレス	3	10〜15レップ	2レップ	1〜2分	脚お尻
チェストプレス	3	10〜15レップ	2レップ	1〜2分	胸
ラットプルダウン（チンニング）	3	10〜15レップ	2レップ	1〜2分	背中
ショルダープレス	3	10〜15レップ	2レップ	1〜2分	肩
シーテッドロー	3	10〜15レップ	2レップ	1〜2分	背中

これらのマシンは揃っているので問題ないだろう。週2〜3日、1回が30〜40分程度で終わるので、忙しい社会人でもジムに行くことさえできれば、継続できるはずだ。また、ダイエット目的の手軽な筋トレで何をやっていいのかわからない場合も、まずはこのプログラムから始めるのがよいだろう。

重量の設定は「ちょっと重いな」と感じる程度に設定して、限界まで追い込む必要はない。ただ、あまりに軽いウエイトでは効果はないので、ダラダラとトレーニングしないように気をつける。1〜2ヶ月ほど取り組めば、誰もが基礎体力は向上し、ジムでのトレーニングが習慣化してくる。そうしたら、フリーウエイトの種目にも少しずつチャレンジしてみよう。

4

初心者向け「自宅トレ」プログラム

ジムの会費が高い、自宅から遠くて通えない、ジムの雰囲気が苦手、時間を節約したいなどの理由で、自宅トレーニングを希望する人は多い。そんな人でも自宅で本格的な筋トレができる方法を紹介する。

自宅に筋トレ環境があるメリットは、ちょっとしたスキマ時間に筋トレができること。単にジムに行きたくないという理由以外に、まとまった時間が確保できない場合も、自宅トレは有効な手段だ。

自宅トレのポイントは、全身の筋肉を鍛えられる最低限の器具を導入すること。健康維持の手軽な筋トレであれば、最初はヨガマット1枚で1日5〜10分やるような筋トレから始めるのも悪くないが、「筋肉を増やしていい体になりたい」のであれば、器具なし自重トレでは不可能。それなりの器具やグッズを揃える必要がある。とはいえ、最初から高額な設備投資はしたくないだろうから、予算3万円台で効果的な筋トレができる方法を紹介していく。

自宅トレで購入すべきグッズ（予算3万円台）

パワーラックのように大掛かりでなくとも、全身を鍛えられる環境は必要である。そのために最低限揃えるべきグッズは4種類ある。

①ダンベル20〜30kg（約1万〜1万5000円）

一般体型の男性であれば、最低でも片腕20kgのダンベルを用意する。身長180cm以上、もしくは体重70kg以上の場合は片腕30kg以上をおすすめする。

通常のダンベルの価格はそんなに高くないが、予算に余裕があるならプレートを付け替える手間を省ける可変式ダンベルの購入を検討してもよいだろう。やってみればわかるが、プレートの付け替えは意外と面倒だ。私が自宅で本格的にトレーニングを始める初心者ならば、迷わず可変式ダンベルを購入する。

また、ダンベルを購入すればストッパーが付属するので、別に購入しなくても問題ないように思えるが、バーベルカラーというダンベルプレートを固定する器具もプレートの付け替えに便利なので購入しておくとよいだろう。

可変式ではないダンベルの場合、バーベルカラーがないとプレートの付け替えが想像以上のストレスとなる。

②EZバー（約3000円）

ダンベル

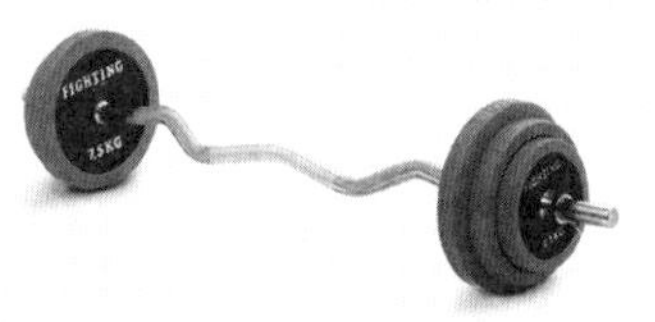
EZバー（Wシャフトセット）

EZバーとは蛇のようにWの形に曲がったバーベルである。手首を自然な角度で使える形状になっており、腕や背中、肩のトレーニングまで幅広く使える基本的なグッズだ。ダンベルだけでもトレーニングはできるが、バーベルが1本あるとトレーニングのバリエーションは一気に広がる。

③ぶら下がり健康器（約1万円）

懸垂（チンニング）をするための器具である。背中のトレーニングは腕を体の前から後ろに引くロー系と、頭の上から腰に向かって引くプル系があり、両者に取り組むことが大事だ。懸垂を抜きにしてしまうと、プル系のトレーニングが一切なくなってしまう。だから、ぶら下がり健康器は自宅トレの必須器具なのである。

初心者に懸垂は結構難しいので、その場合は１０００円程度のゴムチューブで体重を補助して負荷を軽減する。

ぶら下がり健康器（マッスルタワー）

インクラインベンチ

ぶら下がり健康器を設置するスペースがない場合は、チンニングバーというドア枠に引っ掛ける商品を使う手もある。使用できる状況で、省スペースで筋トレに取り組みたい場合はチンニングバーを検討してもよいだろう。

④インクラインベンチ（約1万円）

インクラインベンチとは、背中の角度を変えられる傾斜のついたベンチ台である。最初期は傾斜のないフラットベンチだけでもよいが、トレーニングバリエーションに限界がある。後々必ずインクラインベンチが必要になるので、初めから用意しておいた方がよい。

インクラインダンベルプレス、インクラインレイズなどができるので、トレーニングのバリエーションはかなり広がる。自宅にスペースがない場合は、折りたたみ式もあるので、そちらの購入をおすすめする。

自宅トレのトレーニングプログラム

トレーニング頻度、時間

ジムトレーニングと同様に週2～3日、1回40～60分が目安となる。月→水→金のように中1日で週3回鍛えてもよいが、時間の確保が難しい場合や体力が持たない場合は週2回でも問題ない。

種目

4つの器具でジムトレーニング5～7種目をこなし、全身の筋肉を鍛えられる本格的なプログラムになっている。この時点では、ジムで行う初心者向けのトレーニングプログラムとあまり大差はない。

腕のトレーニングが物足りない場合は、腕トレ2種目（ライイング・トライセップス・エクステンションとバイセップカール）を追加する。腕は複合関節種目（このプログラムではチンニング、ショルダープレス、ベントオーバーバーロー）に取り組んでいれば、ある程度は鍛えられる。また、腕トレ2種目の際に、スーパーセット（第2章参照）をすれば時間を短縮できるので活用してもよい。

自宅の場合、脚のトレーニングだけはどうしても強度が少なくなるので、ブルガリアンスクワット（片足スクワット）を積極的に活用する。自宅トレで「巨大な脚の筋肉を作りたい」という需要はおそらくないと思うので、これで十分だ。

この種目は自重でもきつく、最初は無荷重で余力があればダンベルを持って行う。お尻に効かせるフォームと大腿四頭筋（脚の前側の筋肉）に効かせるフォームの2種類のバリエーションがあるので意識的に変えてみるとよいだろう。

家トレのトレーニングプログラム							
種目	セット数	反復回数	余力	休憩時間	ターゲット	使用器具	メモ
ブルガリアンスクワット	3	10〜15レップ	2レップ	1〜2分	脚 お尻	ダンベル	キツい場合は自重でもよい
ダンベルプレス	3	10〜15レップ	2レップ	1〜2分	胸	ダンベル	
チンニング	3	10〜15レップ	2レップ	1〜2分	背中	ぶら下がり健康器	チンニングができない場合は、別途ゴムチューブを購入し補助
ショルダープレス	3	10〜15レップ	2レップ	1〜2分	肩	ダンベル or EZバー	
ベントオーバーロー	3	10〜15レップ	2レップ	1〜2分	背中	ダンベル or EZバー	ダンベルの場合は片手、EZバーの場合は両手でやる
(ライイング・エクステンション)	2	10〜15レップ	2レップ	1〜1.5分	上腕三頭筋	EZバー	物足りない場合に追加
(バイセップカール)	2	10〜15レップ	2レップ	1〜1.5分	上腕二頭筋	EZバー	物足りない場合に追加

最大の問題は懸垂（チンニング）だ。全体重を持ち上げる強力な自重トレ種目になるので強度は高く、最初はできても数回程度だろう。その場合は前述の通り、面倒ではあるが、ゴムチューブで体重を補助することをおすすめしている。もしくは、ジャンプで体を上まで持ち上げて、ネガティブ動作（下ろす時の動作）だけをやる。

いずれにしても筋力が必要なので上手くできるまで時間がかかる種目だ。自重で懸垂が10回できるようになれば、筋トレ中級者レベルと言っていいだろう。まずは懸垂を10回できるレベルに背中の筋肉を鍛えることが、初心者にとっての明確な目標になる。

第4章

フィッシャーマン式
筋肉食事理論

1 筋トレ並みに重要な食事管理ピラミッド

食事は、筋肉を作るためにトレーニングと同じぐらい重要だ。トレーニングだけを一生懸命やっても100点満点のうちの30点しか取れない。食事方法を間違えるとジムでの努力が無駄になってしまう。

ただし、食事はトレーニングと比べると10倍以上シンプルで簡単である。とにかく食事で何が筋肉を作ることに直結しているかを理解して実践する。余計なことをする必要はない。基本を心がけるだけで十分なので安心してほしい。

筋トレの成果に影響度が高い食事管理のピラミッド

初心者が食事管理で覚えることは3つだけ。**1日を通じてのカロリー収支、マクロ栄養**

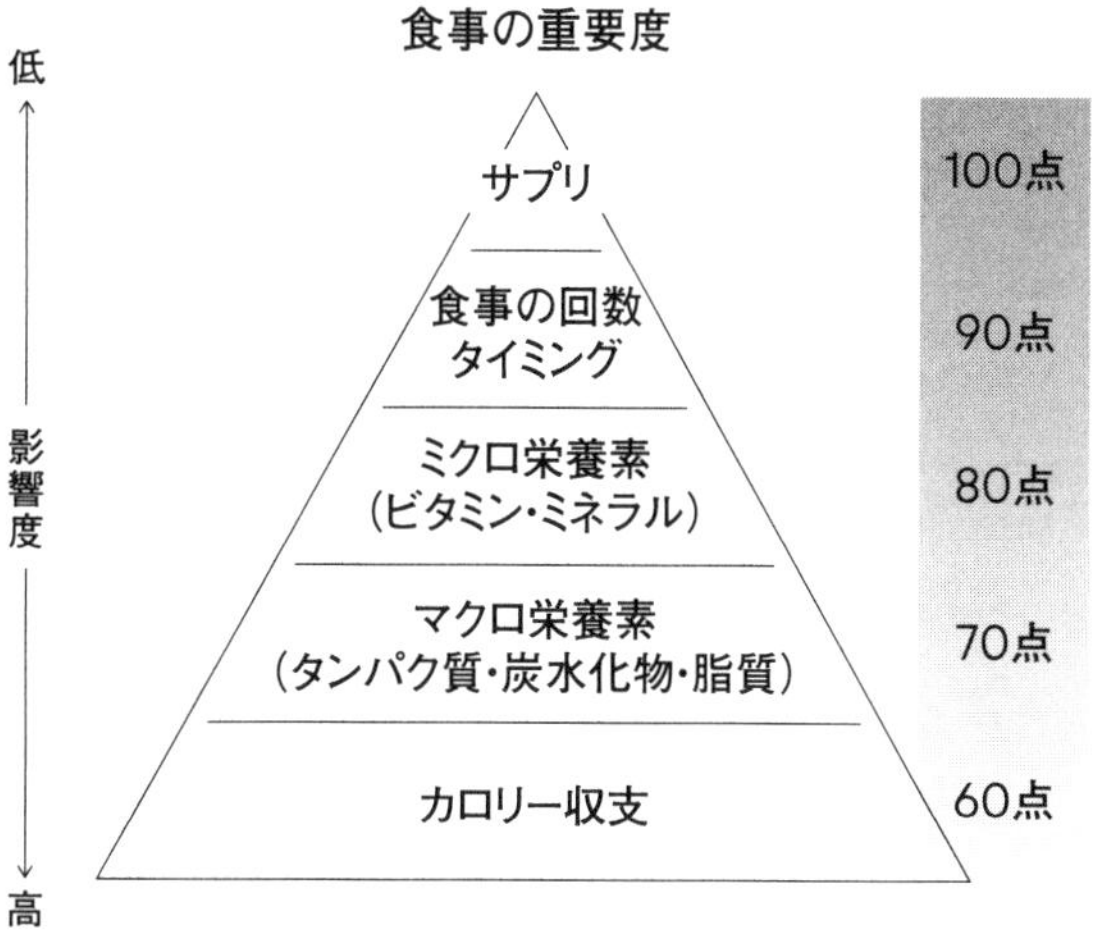

素、ミクロ栄養素だ。あとは筋肉作りへの影響度が低く、オマケレベルなので、あまり気にしなくてよい。

　マクロ栄養素とは、三大栄養素である炭水化物、脂質、タンパク質のこと。そしてミクロ栄養素とはビタミン・ミネラルの微量栄養素のことである。ピラミッドの下から3段目のミクロ栄養素までを満たしていれば80点。トレーナーから褒められる素晴らしい食事管理ができる。

　この食事の影響度の高さを示したピラミッドは、世界的に普及しているボディメイクの基本的なメソッドで、最も信頼できる食事管理の指針となっている。筋肉を増やすにしてもダイエットをするにしても、この順番で成果への影響度が高くなる。

どうでもいいことは気にするな

私もそうだったが、ボディメイクの初心者は、このピラミッドの意味を最初は全く理解できない。そして、ボディメイクの土台となる下から3段をおろそかにして、食事の回数、タイミング、サプリなど成果への影響度が低いものを気にする。

ダイエットでも一般的には「寝る前に食べると太る」と言われているが、科学的には「**何時に食事をしても脂肪の蓄積にはあまり関係なく、1日のカロリー摂取の総量が影響すること**」が示されている。このように、初心者の思い込みと実際のボディメイクには大きなズレがあるのである。

もちろん、食事やプロテインをベストタイミングで摂取するに越したことはない。しかし、それよりも1日を通じて必要な栄養素を摂取していれば、十分筋肉は増えていく。にもかかわらず、ヘルスケア産業はメディアやSNSを通して「食事のタイミングが大事」とか「このサプリが効く」という影響度の少ない情報をさも重大かのように喧伝《けんでん》する。

断言してもいいが、ボディメイク初心者が食事で最後に行き着く先は「カロリー収支、マクロ栄養素、ミクロ栄養素」の3つが重要だという結論である。それ以外の影響度の低い情報を気にしすぎてムダなストレスを溜めたり、ボディメイクをあきらめたりしないでほしい。

筋肉食理論1

筋肉を確実に増やす3つのポイント

ここから具体的に何を食べるべきかを説明していく。

前述の通り、食事面でボディメイクに必要なことは、①カロリー収支、②マクロ栄養素（炭水化物、タンパク質、脂質）、③ミクロ栄養素（ビタミン・ミネラル）の3つだ。この3つが筋肉作りにどう影響するのかを説明していく。

①カロリー収支は黒字に

人間の体は「オーバーカロリー」の状態になると、筋肉が一気に増えやすくなる。オーバーカロリーというのは、文字通り「摂取カロリー＞消費カロリー」となることである。これを私は「オーバーカロリーの法則」と呼んでいる。筋肉を増やす食事管理の中で最も重要な理論である。

このことは身体の仕組みを考えればよくわかる。脂肪というのはカロリーの貯金。自宅の冷蔵庫を開ければ常に食料がある暮らしは人類史のスパンで見れば、つい最近のことであり、人間は食料の足りない状況が続いても餓死しないように対応してきた。

生命の危機的状況にもかかわらず、貴重なカロリーを使って筋肉量を増やし、さらに消費カロリーを増やす選択肢は生存するための身体の仕組みとしては合理的ではない。筋トレの最初期こそ初心者ボーナスで脂肪を減らしながらも筋肉は増えるが、一定期間をすぎると、脂肪を増やしながらでないと筋肉も効率的に増えなくなる。

ボディビルダーや上級者のような熟達したトレーニーが、オフシーズンに脂肪を増やしているのは、脂肪が筋肉に変わるからではなく、オーバーカロリーにしないと筋肉が増えないからである。

ちなみに、**脂肪（グリセロールと脂肪酸）が筋肉（アミノ酸）に変わることはない。**アミノ酸は他のアミノ酸に変化するプロセス（アミノ基転移）はあるが、他の物質からアミノ酸を作る仕組みは体内にないからである。

「オーバーカロリーにしないと筋肉が増えにくい」と聞いて、「筋肉を付けるには脂肪が必要なのか」と勘違いしないでほしい。

前述の通り、筋トレ最初期であれば脂肪を減らしながら筋肉を増やすことは可能である。個人差はあるが、半年〜1年程度は「初心者ボーナス」と呼ばれる時期が続くため、メンテナンスカロリー（消費カロリー＝摂取カロリー）レベルの脂肪が増えも減りもしないレベルの食事でも、筋肉を増やし続けることは可能だ。

注意してほしいのは、「カロリー超過をすればするほど、筋肉が増えるわけではない」ということである。少しでも「摂取カロリー＞消費カロリー」となればよい。

毎日カロリー管理をする必要はない。イメージとしては、「この食事を続けると、ちょっと脂肪が増えそうだな」というレベルの食事を続ければよい。とにかく「オーバーカロリーであると、筋肉は増えやすくなる」、そして「ダイエットをしながら（脂肪を減らしながら）筋肉を増やすのは難しい」ということを覚えておいてほしい。

「初心者ボーナスがあるのでメンテナンスカロリーでも筋肉は増える」と言ったが、これはあくまで中肉中背の人に向けてのメッセージだ。痩せた細身の人は筋肉が増えにくい体質の場合が多いので、オーバーカロリーの法則を遵守してほしい。

何を隠そう、私もそのタイプだったので、食事量を食べられない人の気持ちがよくわかる。実家の夕食なんて完食した記憶がないし、学生時代はスポーツ学科だったにもかかわらず、文学部の小柄な女の子が完食できる量の普通の学食が食べきれずに、いつも友人に食べてもらっていた。

ガリガリタイプの特徴は「量を食べられない」ということである。元々食が細いので、自由に食事をするとオーバーカロリーにならずにダイエット食になってしまう。プロテインを飲んで一生懸命筋トレをしても筋肉が増えない、というガリガリタイプの人はとても多い。

もし、筋トレを必死にやっても筋肉が増えない場合は、おそらくカロリーが足りていない可能性が高い。インターネットの「TDEE（Total Daily Energy Expenditure）」というサイトで日々のカロリー消費量を計算できるので、一度確認してほしい。

ガリガリタイプの食事攻略法は「食べられないなら飲む」である。肥満体型の人は流動食が多いという研究があるが、それを逆手に取った食事戦略だ。筋肉を増やしたいけれど食が細い人に向けた常套手段である。

おすすめは、「マッスルプロテインシェイク」を自分でアレンジして飲む方法。普段はプロテインを水に溶かして飲むだけという人が多いが、これにバナナ2本（もしくはマルトデキストリン）、ピーナッツバターを入れてミキサーでシェイクして飲む。これを1日1〜2杯は飲むようにする。食べるのはキツいが飲むのは簡単だ。これで筋肉作りに必要なカロリーを簡単に摂取できる。ポテトチップスなどのジャンクフードでカロリーを摂るよりも健康的でよい。

ちなみに「ウエイトゲイナー」と呼ばれるサプリメント商品の大半は、単にプロテインとマルトデキストリン（糖質）をミックスしたものが多い。それなら自分で作った方が安上がりだ。プロテインシェイクの詳しいレシピはネットで検索すれば多数出てくる。

②マクロ栄養素は1日2杯のプロテインで摂る

マクロ栄養素とは、炭水化物、脂質、タンパク質であるが、難しくなるので、まずは「普段の食事にプロテインを1日2杯加える」だけでいい。よほどの偏食でない限りスタ

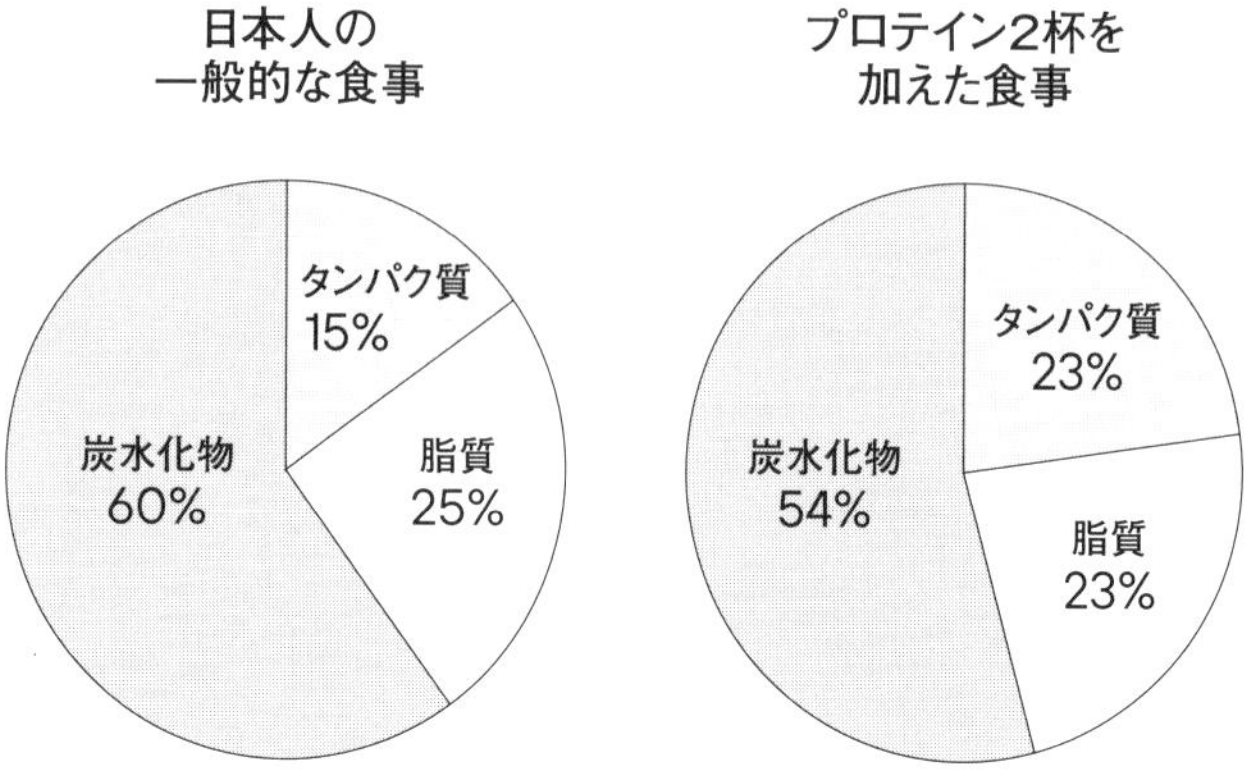

出所：厚生労働省「国民健康栄養調査」より著者作成

ートはこれでよい。

教科書的な指導では、「ＰＦＣ（タンパク質、脂質、炭水化物）のバランスを整えよう」と教えるが、初心者にとってはカロリーのことを考えるだけでも大変なのに、ＰＦＣの管理などできるわけがない。

「プロテイン１日２杯」はシンプルだが、きちんと理論に裏付けられた食事方法だ。日本人の１日の平均的な食事は、タンパク質15％、脂質25％、炭水化物60％という栄養バランスだ。これでは脂質の割合が高くタンパク質が足りていないので、筋肉作りにはベストな食事バランスではない。

しかし、これに**プロテイン２杯を加えるだけで、タンパク質23％、脂質23％、炭水化物54％**

と、**理想的な比率に近づけられる。**さらに、バナナなどの炭水化物をトレーニング前に食べれば、ほぼ理想的な比率になる。これが最も現実的で効果の高い方法だ。

「筋肉作りにはタンパク質がとにかく大事」と聞いたことがあるかもしれない。しかし、実はそれほど多くのタンパク質は必要ない。個人の目標によって変わるのだが、ウエイトトレーニングをして筋肉を増やす場合の1日に必要なタンパク質は「体重1kgあたり2・0g」が一つの目安となる。

体重65kgの人であれば130g。これは日本人の平均的な食事（タンパク質80g／日）にプロテイン2杯（タンパク質約50g）を加えることで達成できる。年齢や食生活によって幅はあるが、私は普段の食事にプロテイン2杯をプラスすることから始めるように薦めている。

③ビタミン・ミネラルは筋肉の潤滑油

ビタミン・ミネラルは筋肉作りの潤滑油とも言える必要不可欠な栄養素である。糖質を燃やしてエネルギーとなったり、骨や筋肉を作ったり、テストステロンの生成にも関係している。

とりわけ重要なのがマグネシウムと亜鉛だ。これらはボディメイクに必須の栄養素でありながら、非常に不足しやすい。マグネシウムは筋肉の合成や筋収縮の際の神経伝達などの重要な役割を、亜鉛は不足するとインスリン感受性とテストステロンが低下することが研究からわかっている。しかし、日本人の食生活では不足しがちで、筋肉作りのためには意識して摂取する必要がある。

「筋トレでは自然食（サプリメントを除いた食事）がよい」と言われるが、これはタンパク質や炭水化物といったマクロ栄養素だけでなく、ビタミン・ミネラルといった微量栄養素や食物繊維もバランスよく摂取できるからである。複数の食品をバランスよく食べることで、結果的に細かい栄養素を体に取り込める。

また、自然食がいいのは栄養素のメカニズムがまだあまり解明されていないことも大きな理由だ。代表的な栄養素である果糖でさえ、その代謝メカニズムが最近明らかになったぐらいだ。それならば筋肉作りのための栄養素もサプリメントで狙い打ちをせずに、自然食でおいしくバランスよく摂取する方がよいと考える。

2

即効ダイエットで筋トレ効果を可視化する

筋肉食理論2

脂肪を確実に落とすダイエットの法則

「筋肉も付けたいけど、その前に脂肪を落とさないと……」という人もいるだろう。そういう人は「オーバーカロリーの法則」ではなく、マイナスカロリーにして脂肪を落とすことを優先する。

「筋肉を増やしながら脂肪を減らせないのか」と落胆しないでほしい。それも可能だ！

前項で言ったように、筋トレ最初期なら筋肉を増やしながら脂肪も減らせる。それが「初心者ボーナス」の圧倒的な特典である。

筋肉を増やすことに比べ、ダイエットは短期間で見た目が変わる即効性がある。ボディメイクで達成感を得て自己肯定感が高まり、自信につながる。さらに肥満の状態から体脂肪率が一定レベルまで下がるとテストステロン（男性ホルモン）やインスリン感受性（肝臓や筋肉へのインスリンの効きやすさ）の数値が向上し、筋肉が増えやすい体質になる。つまり、筋トレ初期のダイエットは精神・肉体の両面でメリットがあり、一石二鳥なのだ。

守るべきはマイナスカロリーだけ

本書では、「筋トレは簡単だ」と言っているが、ダイエットはその10倍以上簡単だ。体格や体脂肪率にもよるが、2ヶ月で4～5kg程度であれば誰でも苦も無く体重を落とすことが可能である。なぜなら、ダイエットで重要な原則はたった一つだけだからだ。それは**「マイナスカロリー（消費カロリー>摂取カロリー）を継続する食事習慣」**である。

マイナスカロリーの食事習慣を日々続ければ、脂肪が自動的にエネルギーとして使われるので痩せていく。マイナスカロリーの食事に加えて、本書で紹介している週2～3回の初心者向けプログラムに取り組むことで筋肉量も維持できる。

「結局カロリーかよ、もっと特別なメソッドを教えてくれ」と思うかもしれないが、残念ながらマイナスカロリーよりも有効な方法は存在しない。世の中には様々なダイエット方法があるが、糖質制限、脂質制限、朝バナナ、断食にしても共通しているのは「消費カロリー＞摂取カロリー」というダイエットの大原則である。

数々のダイエット研究によって、ダイエットの結果はカロリーで決まることはわかりきっている。たとえば、糖質制限と脂質制限を比較した大規模な研究報告では、両者の効果にほぼ違いはなく、結局はカロリー収支の影響が大きいことがわかっている。

アメリカのダイエット商品をレビューしたジョンズ・ホプキンス大学の研究報告では、カロリー制限を主体としたウエイト・ウォッチャーズ（Weight Watchers）とジェニー・クレイグ（Jenny Craig、送られてくる冷凍食品だけを食べる）の2種類だけが効果があった。

ちなみに、**カロリー制限に比べ糖質制限の初期は体重が一気に落ちるが、それは脂肪が消えたのではなく糖質に結びついていた水分が体外に排出されただけである。**

大会に向けて確実に脂肪を落とさなければならないボディビルダーたちのダイエット方法は、1日に摂取するカロリーの厳密な管理が基本だ。ボディビルダーのダイエットなんて一般人には関係ないと思うかもしれないが、ボディメイクの最高峰に挑んでいるのは彼らであり、一般人のダイエットは彼らの方法を薄めたものでしかない。やはり食事ピラミッドの通り、カロリー収支こそがダイエットのセンターピンなのである。「消費カロリー＞摂取カロリー」という法則を守らなければ脂肪が減ることはない。

また、運動で消費されるカロリーは想像よりも少ないことは覚えておくべきだろう。ウォーキング1時間でおにぎり1個分（約200kcal）だ。

たとえば週3日、60分の有酸素運動を真面目に取り組んで、かなり頑張ったつもりでも体脂肪は1kgで7200kcalあるので、消費される脂肪は100gほどにしかならない。つまり、有酸素運動による脂肪燃焼よりも食事で摂取カロリーを抑えることがはるかに重要なのだ。**ゆえに「ダイエットは食事管理が9割」と言われるのである。**

ダイエット時の筋トレが重要な理由

マイナスカロリーの問題は、脂肪と一緒に筋肉も落ちるように体の仕組みができていることである。体脂肪率やカロリー制限の度合いによっても変化するが、ざっくりとした割合を示せば、食事制限だけのダイエットで減る割合は、「脂肪3：筋肉1（Quarter FFM Rule）」だ。

そこに有酸素運動を取り入れるだけでも、筋肉の消失を抑えられることがわかっている。そのうえで筋トレにも取り組めば、さらに筋肉の消失割合を抑えられる。だからこそ、筋肉の消失を抑えるためにもダイエット中の筋トレが必要なのである。

まとめると、**本当に痩せるダイエットとは、脂肪を減らす大原則「消費カロリー＞摂取カロリー」を日々継続する食習慣を続けることである。**この法則を満たせる食事であれば、自分が継続できる食品と食べ方を選択すればよい。

ただし、勘違いしないでほしいのは、マイナスカロリーにする必要があるからと言って、数日間断食したり、必要以上のマイナスカロリーにしたりすることは逆効果となる。医師の指導でやっているのであればいいが、ダイエットとしては単に筋肉を消失させてリバウンドしやすい体にして、健康を損なっているだけである。

目安としては、男性は1500kcal以下、女性は1200kcal以下にはならないように注意する。

ダイエット時の1日の総摂取カロリーは「目標体重（kg）×25～30kcal」を目標にす

る。それを続けることで、そのカロリーに収まる体型へと変わっていく。筋肉の適応のように10kgのダンベルを使う人が10kgに合う腕の太さに変わっていくのと同じだ。

自動的にマイナスカロリーになる食事習慣

前述の通り、ダイエットで最も大事なことは「消費カロリー＞摂取カロリー」の食習慣を作ることだ。そして継続することである。今日は必死にがまんして明日は休むのではなく、最低でも月単位で続けられなければ成果は手にできない。

実は、ぽっちゃり〜肥満体型ぐらいの人であれば、食事の一部を変えるだけで自動的に痩せることが多い。なぜなら、肥満体型の人は必ずと言っていいほどカロリーを摂りすぎていて、その原因になる悪習慣があるからだ。したがって最初は余計なことをせずに、あなたを太らせている食事の原因を取り除くことから始める。

厳密に言えば、ボディメイク初心者がトレーナーの管理なしに食事を一気に変えるのはあまりおすすめできない。なぜなら、ほとんどの場合、ダイエット終了後に元の食事に戻ってリバウンドするからである。身も蓋もないが、一時的にいくら痩せても元の食生活に戻れば体型も戻る。だから、真のダイエットは痩せた後の生活を見据えた方法を選択する必要がある。

1週間の食事を振り返ると、必ずカロリーを摂りすぎている根本的な原因が見つかるはずだ。まず、それを変える。たとえば、砂糖たっぷりの清涼飲料水を毎日飲んでいるのなら、ゼロカロリーに変える。昼食に揚げ物定食ばかり食べているのであれば、ヘルシーな和食に変える。カロリー密度の高い揚げ物、ポテトチップス、アイスクリーム、脂質が高い食品を避けて、カロリー密度の低い食品に替える。

このように食品を選ぶ基準を意識的に変え、そのうえでカロリー摂取を自動的に抑える仕組みを導入していく。次の3つを試してみる価値はある。

①朝食をプロテインスムージーに置き換える
②朝食を抜く「部分断食」にしてしまう
③白米を玄米（食物繊維が多いもの）に変える

何か特別なダイエット食を始めるよりも、まずは普段の食事のちょっとしたテコ入れから始めると、マイナスカロリー習慣を継続しやすく、リバウンドのリスクも低い。無理なダイエットというのは、痩せた後に必ず「ダイエット終了〜！」となって、再び暴飲暴食が始まり、体重もリバウンドしてしまう。

本書のトレーニングプログラム（1回60分、週2〜3回）を継続すれば、筋肉量を維持しつつ自然なダイエットができる。とてもシンプルで簡単だ。まずは無理のない方法で始めることをおすすめしたい。いずれにしてもマイナスカロリーの法則を守れば、ダイエットは難しくない。体脂肪10％以下（女性は20％以下）にするのは苦労するが、15％以下（女性は25％以下）ぐらいなら誰でも無理なく到達できる。

フィッシャーマン式「メニュー固定ダイエット」

ここまでの習慣を取り入れても痩せない場合や、より確実に痩せたい場合は次のダイエット方法も試してほしい。「**メニュー固定ダイエット**」である。文字通り食べるものを固定してしまう方法で、先に紹介したジェニー・クレイグのダイエット方法に似ている。「朝食は○○、昼食は△△、夕食は□□」と決まったものを毎日食べることで摂取するカロリーも固定される。私が知る限り、最も強力かつ確実に痩せるメソッドだ。ボディメイク初心者が一人でダイエットに取り組むなら、この方法が最も確実に結果を出せる。

たとえば、朝食にプロテインスムージー、昼食におにぎり1個とサラダチキンと温泉卵、夕食に玄米ご飯と納豆と豆腐というように食べるメニューを事前に決める。全く同じものが続くと飽きるので、翌日は夕食だけ玄米ご飯とゴーヤチャンプルー（以前指導した方がゴーヤチャンプルーをよく食べていた）というようにローテーションを組んで、4〜5食を入れ替わりで食べる。

事前にカロリーを確認したものを繰り返し食べるので、「今日は何を食べようかな？」と迷わず確実に「消費カロリー＞摂取カロリー」を達成できる。同じメニューだと飽きるというデメリットがあるが、とにかくラクに痩せられる。

昼食はアボカドと卵白ばかり食べるとか、昼食と夕食は納豆ご飯と豆腐ばかり食べるとか、ヘルシーな業者の宅配弁当を3食食べるなど、自分の好みにオーダーメイドできる、まさに最強のダイエット方法である。

筋肉食理論3

超効率的（理想的）な筋トレサイクル

「筋肉はオーバーカロリーで増えやすくなる。同時に脂肪も少し増える。体脂肪率が高くなるとテストステロン値が下がり、筋肉が増えにくくなる」というのが、筋肉とカロリーの法則である。それを踏まえると、**筋肉の理想的な増やし方は、増量期（筋肉を増やす期間）と減量期（筋肉を維持しながら脂肪を減らす期間）を繰り返す方法である。**

具体的には、オーバーカロリーにして筋肉を増やしつつ脂肪が多少増えてしまう増量期（2～3ヶ月）と、アンダーカロリーにして筋肉を維持しつつ脂肪を減らす減量期（1ヶ月）を繰り返す。体脂肪率の目安としては15％（女性は25％）を超えたあたりから減量期を考え始めて、12～13％（腹筋がうっすらと見える程度）まで減らす。このサイクルが最も効率的に筋肉を増やせる方法である。

ただし、筋トレ初心者は筋肉が増えやすいので、脂肪をあまり増やさなくても筋肉を増やせるし、最初期であればアンダーカロリーで脂肪を減らしながらでも筋肉は増えるので、

理想的な筋肉の増やし方の基本モデル（中級者以上は必須）

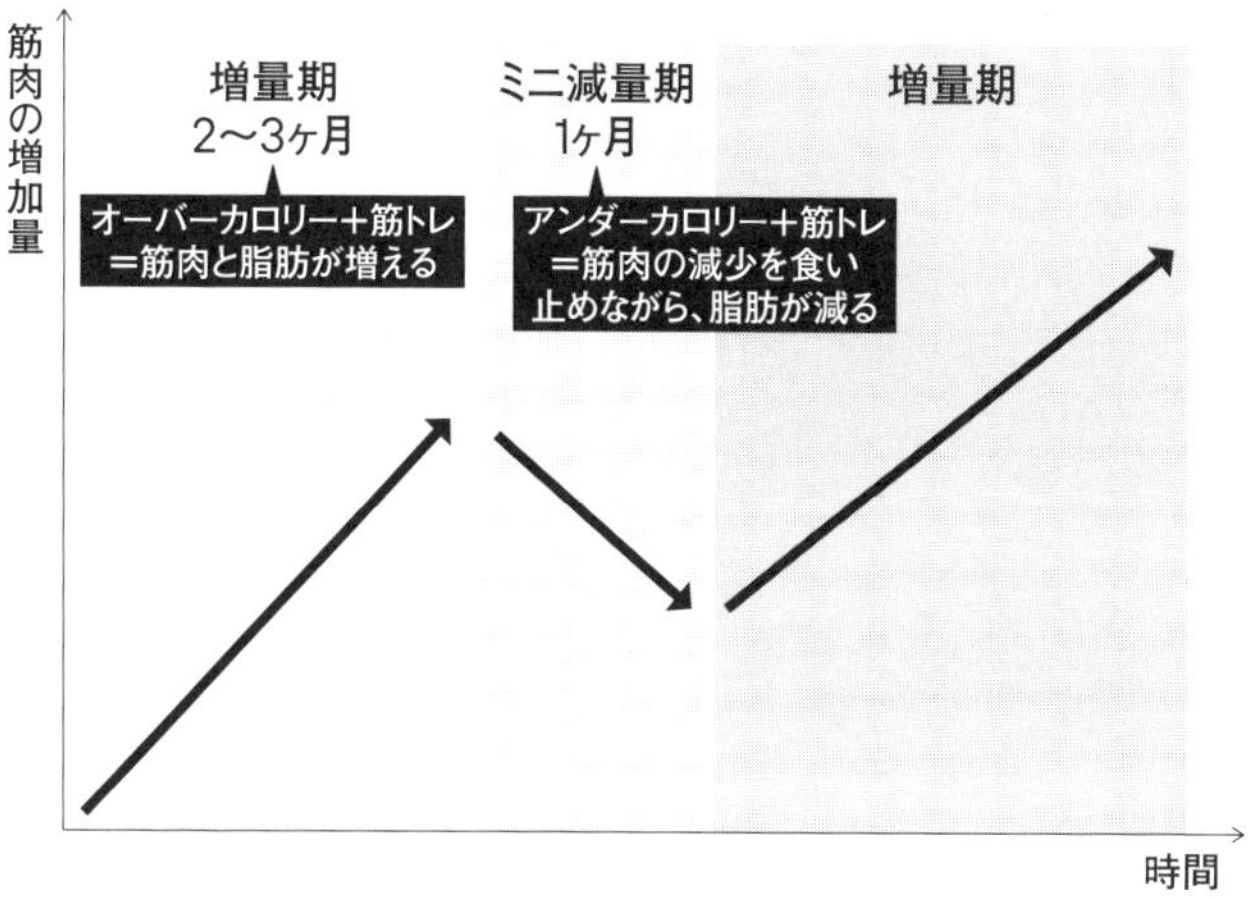

必ずしも増量期→減量期の2サイクルを設ける必要はない。一方で、中級者以上や痩せ型で筋肉が増えにくい体質の人は、初期からこの2サイクルを重視した方がよい。

増量期は「リーンバルク」を意識する

オーバーカロリーと言っても、カロリーを摂れば摂るほど筋肉が増えるわけではない。少しだけカロリー超過していればよい。

1日に2500kcalを消費する人は2700〜2800kcal程度が適切。3000kcal、4000kcalを摂取しても増える筋肉の量は変わらない。筋肉を付けるために太りすぎる必要は一切なく、カロリーが満たされていればよい。

このように**脂肪を極力増やさずに筋肉を増やす方法を「リーンバルク」という。**脂肪が増えすぎるとテストステロン値が低下したり、増量期間が短くなる一方で減量期間が長くなったりするなど、デメリットも発生する。だから、筋肉を増やしながらも脂肪はできる限り増やさない「リーンバルク」がベストなのである。

1日の消費カロリー量は「TDEE」とインターネットで検索すれば計算サイトが見つかるので、推定値を簡単に確認できる。1日の消費カロリーよりも摂取カロリーが200〜300kcalほど上回っていれば、リーンバルク達成である。

食事のカロリーを毎日計算するのは面倒なので、2〜3日程度の食事の摂取カロリーを調べたら、後は「ちょっと脂肪がつきそうだから控えよう」という意識で食事を管理するのがおすすめだ。

3 初心者向け正しいサプリの摂り方

筋肉食理論4

効果的なサプリメントの活用方法

サプリメントは、医薬品のような効果はないのに、飲むだけで高い効能が得られるかのように宣伝されている。勘違いしている人は多いが、サプリメントはあくまで食事の一部である。食品に含まれる特定の成分を濃縮したものに過ぎない。**サプリメントの目的は、「筋肉の増量に影響度が高いのに食事では不足しやすい栄養素の補給」にある。**

この章の冒頭で言ったように、筋肉の増量に影響度の高い要素は、①カロリー収支→②

マクロ栄養素（タンパク質、脂質、炭水化物）バランス→③ミクロ栄養素（ビタミン・ミネラル、体の代謝をする微量栄養素）だ。しかし、この3要素を食事のみで十分に摂取するのは大変だ。そこで、サプリメントを活用するのである。基本的に初心者〜中級者レベルであれば、サプリメントの使い道はこれ以外にない。

この条件を満たすメインのサプリメントは、ホエイ・プロテインパウダー（プロテイン）、マルチビタミン・ミネラル、クレアチンの3種類ぐらいだ。加えてマルトデキストリン等の糖質系のサプリメントで十分である。

サブ的なサプリメント（BCAA、EAA、HMB、シトルリン、ベータアラニン、カフェインなど）を使ってもよいが、大した違いはない。これらのサプリメントは、80点の食事を81点や82点に引き上げるために使うようなものである。上級者が少しでも質の高い筋トレに取り組むために使うものだ。

もちろん、初心者でもいろいろなサプリを試してみたい気持ちはわかる。だから「絶対に使うな」と言っているわけではない。私が言いたいのは、「初心者はメインのサプリメントだけで十分」ということである。

サプリメントはそれなりに値が張るので、むしろそのお金でパーソナルトレーニングを

受けて、フォームを指導してもらった方が100万倍有益であることは伝えておく。初期のパーソナルトレーニングでのフォーム指導ほどコスパのよい投資はないのだ。

「サプリメントを摂っても効果がない」とか、「実は体に吸収されていない」という意見もあるが、実際はどうなのだろうか。それは全くの見当違いである。気にせず適切にサプリメントを使用してほしい。

私も大学に入学した当初はサプリメントに懐疑的だったので、某競技の日本代表チームの栄養コーチをしていたスポーツ栄養学の教授に「サプリメントは本当に効果があるのですか？　自然食の方がよいのでしょうか？」と質問したことがある。

すると彼は「そんなことはない。サプリの方が栄養管理は容易なので、パフォーマンスは安定する。アスリートにとって食事は楽しむだけのものになり、栄養摂取はサプリメント主体の時代が来る」と言われ、驚いた。

サプリメントの問題は、販売業者によって効果が誇張されたり、誤った効果を謳って販売されていることだ。HMBやBCAAはその典型例だろう。健康系のサプリでは他にもグルコサミンやコラーゲンなど、科学的な裏付けがないものが当たり前のように販売されているので、だまされないようにしたい。

筋肉食理論5

3つのサプリで不足しやすい栄養素を補う

筋肉作りのためのサプリメントごとの具体的な摂取方法を紹介していく。初心者だけでなく中級者以上にも有効な方法なので、ぜひ活用してほしい。

プロテイン（ホエイ・プロテインパウダー）

目的：タンパク質摂取の補助
摂取タイミング：起床後（朝食）、トレーニングの約1時間前・直後、就寝前
摂取量の目安：1回：約20～40g

食事だけでタンパク質の必要量を摂取するのは大変なので、プロテインで補助することがおすすめだ。食事で摂取するよりもプロテインから摂取する方がタンパク質1gあたり

のコストが安いので、食費の節約にもなる。プロテインが筋肉を作る効果は科学的にも確認されており、エビデンスの信頼性も高い。

プロテインを飲むタイミングはいつでもよいが、血中のアミノ酸濃度が低くなっている起床後、トレーニング1時間前か直後、就寝前がおすすめだ。トレーニングの前後に摂取しているトレーニーが多い。どちらのタイミングにしてもプロテインを飲む際は、バナナなどの糖質と一緒に摂ることが基本だ。鶏肉や卵と同じように、プロテインも基本的に単独で飲むものではない。

トレーニング後の食事はプロテインでなくてもよいが、できる限り早い摂取が一般的なガイドラインでは奨励されている。私の場合は夕食前にトレーニングを行うが、それよりも早い時間帯にトレーニングした後はプロテイン＋クレアチン＋糖質をミックスしたものを飲むようにしている。

プロテインの種類

プロテインは主に3種類ある。牛乳が原料のホエイプロテインとカゼインプロテイン、大豆が原料のソイプロテインである。流通している大半はホエイプロテインで、ベジタリアンやビーガンでない限りは、動物性タンパク質である「ホエイプロテイン」を選んでおけば間違いない。

なぜなら、ホエイプロテインは「吸収が早い、吸収率が高い、安価、フレーバーの種類が多い、ロイシン（筋合成のスイッチを入れるアミノ酸）の割合が高い、必須アミノ酸の割合が五大タンパク質（ホエイ、カゼイン、卵白、大豆タンパク、小麦タンパク）の中で最も優れている」と好条件が揃ったタンパク質だからだ。トレーニーの大半はホエイプロテインを選んでいる。

プロテインを怪しい粉だと思っている人はいまだにいるが、その成分は単なるタンパク質である。鶏肉や卵を食べてタンパク質を摂ることと何ら変わりはない。ホエイプロテインの原料は、チーズを作る際に副産物として出る乳清（ホエイ）である。そして、乳清から水分と脂質と糖質を取り除き、濃縮して粉にしたものがホエイプロテインとなる。ゆえにプロテインはサプリメントではあるが、ほぼ自然食である。

また、プロテインは美容にも優れている。なぜなら、筋肉、髪の毛、爪、皮膚と体のあらゆる組織はタンパク質からできているからだ。

ちなみに、ホエイを飼料にして育てた豚が、有名なホエー豚である。ホエー豚は病気になりにくく、不飽和脂肪酸（植物や魚の脂に多く含まれる脂肪）が多く、油の臭みも少ない。肉質の良い豚肉である。

プロテインパウダーの選び方

プロテインパウダーを選ぶ際は、まず「全体に占めるタンパク質の割合」をチェックする。最近のプロテインは含有量80％前後のものが多いが、最低でも70％以上の商品を選択するとよい。タンパク質がろくに入っていない粗悪品だけは避けよう。

次にどこのメーカーの商品を購入するかであるが、これは好みでよい。大きく分けて国内メーカーと海外メーカーがあるが、価格と安全性で選ぶなら海外の大手メーカーを、味で選ぶなら国内メーカーといった感じだ。何を選べばよいのかわからない場合は、最初は日本の有名メーカーのプロテインを選べば安心だ。

ただし、海外の有名メーカーのプロテインは、日本のメーカーよりも基本的に優れている。一般的に海外よりも国産の方が質の高いイメージがあるが、プロテインの場合は海外メーカーの方が値段は安く、安全性も日本のメーカーよりも担保されている。

海外産が安価の理由は、原料の調達コストと大量生産できる市場のおかげだ。海外メーカーが安いからといって粗悪であるわけではなく、安全面においてもアメリカやEUの大手メーカーの方が基準は高い。

というのも、欧米のメーカーはGMP(Good Manufacturing Practice)という厳しい品質保証基準を取得した工場でのみ製造を許可されているからだ。一方で、日本では医薬品の製造工場のみGMPが必要となる。ちなみにこの基準は韓国や中国も導入しており、サプリメントにおいて日本はかなり後進国となっている。つまり、国産プロテインの品質管理は、国内メーカーの良心と管理に委ねられていると言える。

さらにアメリカの場合、FDA(アメリカ食品医薬品局)という鬼のように厳しい法的強制力を持った政府機関から完全に監視されながら製造している。

アメリカの製造工場やメーカーにはFDA抜き打ちチェックが行われ、違反があった場合は販売停止や業務停止に追い込まれる。そのうえ、欧米の大手メーカーは世界中にサプリメントを供給しているので、第三者機関による品質検査や各国の研究者やトレーニーのチェックを受け、高い安全性を保っている。

ただ、海外メーカーのプロテインは外国人の味覚に合わせているので、日本人の口には合わない場合がある。外国のお菓子のように甘すぎることが多く、私も何度もハズレを引いた。その点、国内メーカーのプロテインは甘さを抑えて日本人の味覚に合わせているので、最初のプロテインは日本製から始めるのもアリだ。

ホエイプロテインの種類と選び方

ホエイプロテインを詳しく見ると、精製方法の違いからＷＰＣ（ホエイプロテイン・コンセントレート）、ＷＰＩ（ホエイプロテイン・アイソレート）、ＷＰＨ（ホエイプロテイン・ハイドロライゼート）の３種類がある。

ＷＰＣ→ＷＰＩ→ＷＰＨの順に高品質だが、最も安価なＷＰＣで十分だ。ＷＰＣは微量の糖質と脂質が入っているだけで、値段の割に大した違いはない。個人的には多少の糖質と脂質が含まれている方が美味しく飲みやすい。糖質制限などの厳密な食事管理をしていない限りは、ＷＰＣで十分である。

販売されているプロテインはＷＰＣか、ＷＰＣにＷＰＩがミックスされたものが多いので、何も考えずに購入すればＷＰＣプロテインを手にすることになるだろう。

プロテインでお腹を下してしまう人は、人工甘味料を疑った方がいい。お腹がゆるくなる原因は、腸内の浸透圧上昇により水分が大腸内に引き込まれることによる下痢である。

別の人工甘味料を使用しているものや、甘味料の少ないもの、甘味料フリーのものに切り替えた方がいいだろう。

マルチビタミン・ミネラル

目的：ビタミン・ミネラル（ミクロ栄養素）の補給
摂取タイミング：朝食、昼食、夕食の後
※水溶性ビタミンは排出されやすいので、分割して摂取する。
摂取量の目安：2～3錠（メーカーで異なるので用法等を確認）

ビタミン・ミネラル（ミクロ栄養素）は、自転車のチェーンに注す油のようなもので、体の中の栄養の潤滑油として働いている。

ビタミンの多くは補酵素として働いている。補酵素とは、人間の体の中で起きる化学変化の触媒として働いている酵素を活性化させるカギのようなものだ。サプリメントで補酵素の数を増やすことで、酵素の活性化が期待できる。具体的にはナイアシン、ビタミン

B1、B2、B6、ビタミンB12だ。

ミネラルも重要な栄養素だ。ミネラルは体内で作れないので食事で摂取するしかない。とにかく不足する。前述の通り、亜鉛やマグネシウムは筋肉作りの重要な栄養素でありながら、普通の食事では必要量を摂ることが難しい。亜鉛であれば、厚生労働省の基準で最低でも10㎎は必要とされているが、日本人の一般的な食事では半分程度しか摂取できない。マグネシウムも基準の半分程度しか摂取できていない。

亜鉛が不足すると、筋トレにおいて重要なテストステロン、成長ホルモン、インスリンの働きが落ちる。マグネシウムが不足すれば、筋合成や筋収縮に影響が出る。だから、サプリメントで十分な量のマルチビタミン・ミネラルを摂取しておいた方が筋トレの効果が高まるのである。

ただし、喫煙者男性の場合は、高用量のビタミンB（ビタミンB6、B12）を長期間摂取すると、肺ガンリスクが30〜40％上がることが報告されており、喫煙者の場合はマルチビタミンの摂取をする前に医師に相談した方がよいだろう。

クレアチン・モノハイドレート

目的：クレアチンの補給、（筋力の向上、筋持久力の向上）
摂取タイミング：いつでも。トレーニング後（プロテインと同時に摂取）
摂取量の目安：1日に3〜5g

クレアチンは筋肉作りに必須の栄養素で価格も安く、使用されてきた歴史も長い。科学的エビデンスの信頼性もサプリメントの中で最も高い。

クレアチンは筋肉を増やす筋サテライト細胞を増やし、トレーニングで扱えるウエイト重量が約5〜10％アップするので、多くのトレーニーやアスリートは必須サプリとして活用している。私も当然活用している。

クレアチンがここまで広まったきっかけは、1992年のバルセロナオリンピックである。陸上100mで優勝したイギリス人選手がクレアチンを摂取していたことがわかり、アスリートたちの間で一気に広まったのである。

クレアチンの効果は、筋力の向上、筋持久力（筋トレの総負荷の向上）、除脂肪体重の増加、さらには認知機能の向上も確認されており、運動パフォーマンスの向上が期待できる。トレーニーが使用後の効果を体感できる数少ないサプリメントの一つである。

「クレアチンは筋トレ初心者には不要」という意見もあるが、週に何度もジムに通う場合は、体内のクレアチンが不足することがある。単純なパフォーマンスの向上効果を除いても、補助しておくとよい栄養素だ。

人間は最終的にATP（アデノシン三リン酸）という物質からエネルギーを生み出している。そのATPはクレアチン（クレアチンリン酸）、糖質（グルコース）、脂肪（脂肪酸）の3種類をもとに作られている。

筋トレのような瞬発的な運動は、クレアチンと糖質を大量に消費する。クレアチンは糖質と違って食事から摂取しにくいので、体内での生産が間に合わなくなるのだ。私自身も筋トレを始めた当初は使用していなかったが、トレーニングがハードになるにつれて自然と必要になった。

ハードな筋トレをする場合、体重70kgで1日5gのクレアチンが必要と言われているが、この量のクレアチンを摂るには、豊富に含む牛肉でも1kg食べなければならず、自然食だけでまかなうことは現実的ではない。

クレアチンサプリの種類は複数あるが、最もベーシックなモノハイドレートでよい。多くのエビデンスから信頼性が高く、効果も保証されているからだ。多くのトレーニーが使用している。

摂取するタイミングはいつでもよいが、トレーニング後にプロテインを摂取する時に3〜5gのクレアチンを加えるのがおすすめ。このタイミングであれば、インスリン（筋肉に栄養を取り込むホルモン）が大量に分泌され、クレアチンの吸収も促されるからである。

第5章

フィッシャーマン式コンディション理論

1

継続力を生むモチベーションの高め方

コンディション理論1

筋トレを継続させるモチベーション心理学

最後に筋トレを楽しく続けるためのテクニックを紹介していく。ここで紹介するメソッドは実際に私が実践して効果があったものだけだ。良いと思うものがあれば、すぐにでも真似をして取り組んでほしい。

これから筋トレを始める人は、必ず「筋トレをする目的や意義」を見つけてほしい。「かっこいい見た目になりたい」「いつまでも健康でいたい」「心身ともに若返りたい」など、何でもよい。第1章で伝えたように筋トレをやるメリットは数多くある。いずれにしても、あなた自身が心から意味を感じる動機を見つけてほしい。それが筋トレを続ける根本的なモチベーションになる。

筋トレは始めるだけなら誰でもできる。しかし継続できる人は少ない。**始めることと、続けることの間には天と地ほどの差がある。**私の友人にも筋トレブームの影響でとりあえずジムを契約して筋トレを始めた人が何人もいるが、継続できずに気がつけば退会していた。「なぜジムに通い始めたのか」と尋ねると、「何となく」と口をそろえて言う。みんな「とりあえず」ジム通いを始めてみたものの、大した目的もないし、正しい筋トレのやり方もわからないから続けられないのである。

物事は何かしらの意味がないと絶対に継続できない。あなたが長年継続していることを思い浮かべてほしい。会社に行く、部屋の掃除をする、歯を磨く、風呂に入る――何でもよいが、心の底からやる必要と意味を理解しているもののはずだ。他人に言われたからではなく、自分自身で納得する理由がないと継続はできない。

単純に筋トレすること自体が楽しいから。筋肉を増やして若く健康でいたいから。いつも自信に溢れていたいから。健康寿命を延ばして人生のクオリティーを上げたいから。今後の介護事情を考えると「貯筋」が大事だから――。とにかく筋トレをやる理由は溢れているのだ。

筋トレに燃え上がるようなモチベーションを求めない方がよい。むしろ継続の邪魔になる。筋トレが3日で終わるものならよいが、来月も再来月も来年も続けることで成果を得られるものである。歯磨きや入浴の前にいちいちモチベーションを上げないように、「筋トレやろ」ぐらいのやる気の出し方で十分である。

筋トレに強いモチベーションを求める人は、筋トレが苦痛とセットになっていることが多い。本書で何度も言っているが、「自分を精神的に追い込む」みたいな筋トレは全く必要ない。筋トレは自衛隊の訓練ではないし、息を切らすようなハードトレーニングが筋肉を発達させるわけではない。筋肉の成長には限界まで追い込む必要はないし、筋肉痛も筋繊維の破壊も不要である。

筋トレは本来「爽やかに汗を流すことを楽しむもの」だと私は思っている。「苦しくてつらいもの」を前提にした筋トレは、「ボディビル大会で優勝する」みたいな高い目標を持つ人やゴリマッチョになりたい人が、自分の遺伝的な限界を超えたい場合だけの話である。初心者~中級者はぜひ、無理しない楽しい筋トレを継続してほしい。

コンディション理論2

ジムやフリーウエイトエリアを怖がるな

初心者の中にはジム通いを始めたいが、未経験ゆえの不安や心配を抱いている人も多いだろう。「マナーがわからない」「マッチョが怖い」「ジロジロ見られそう」など、こういう気持ちはすごくわかる。だが、安心してほしい。**通い始めればわかるが、事前に想像した不安の大半は杞憂《きゆう》に終わる。**ゴリゴリのマッチョが集まるゴールドジムでさえ、高齢の方や運動経験の少なそうな女性も多く汗を流している。あなたも周りに遠慮することなく堂々とジムに入り、筋トレを始めればよい。

ジムに通い始めればわかるが、一般的なジムにいるマッチョの98%はマナーの良い人である。スタッフも教育されており、丁寧で優しい。誰もが最初は筋トレ初心者から始まっているので、初心者を馬鹿にするような人は少ない。

それでも他人の視線や周りが気になる人もいるだろう。しかし、思ったほどトレーニングしている人はあなたを気にしていない。皆、自分のトレーニングに集中したい。ジロジロと周りを見渡しているような集中力のない奴、ジムにスマホをいじりに来ているしょうもない奴も確かにいるが、鼻で笑っておけばよい。

また、マッチョが「モンモンッ」と声を出しながらトレーニングしていることに少し恐怖を感じるかもしれないが、これはマナーが悪いとか威嚇しているわけではない。単に重いものを持っているので、うめき声が漏れてしまうだけである。

ジムで唯一やってはいけないのは「他人のトレーニングを邪魔すること」だ。重大なマナー違反となる。普通にトレーニングしている分には何も問題はないが、スマホをいじって同じ場所を長時間占領する。混んでいる時間帯に友人間でマシンを回し続ける。マシンの使用後に汗を拭かずにベタベタのまま立ち去る。ダンベルを元の場所に戻さずに放置するなど、苦情や不満があがるのはこの手のマナー違反に対してである。

ジム全体への恐怖の次に直面するのが、フリーウエイトエリア（ダンベルやバーベルなどをトレーニングする場所）への恐怖だろう。ジムで最もマッチョが集まる場所である。マシンのエリアは初心者が多いので安心できるが、フリーウエイトエリアは、初心者には場違いなマッチョの聖域のように感じてしまう。

しかし、フリーウエイトエリアは初心者にも門戸を開いている。堂々と入って行き、トレーニングを始めればいい。結局一歩踏み出して入ってしまえば、「こんなものか」となる。未経験ゆえの恐怖を感じていただけだと理解できるだろう。

不安や心配の話が出たので言っておくと、筋トレはそれらの問題も解決してくれる。

運動後に気分がよくなった経験は誰にでもあるはずだ。これにはセロトニンの分泌が関係している。運動をして体を動かすことで、やる気や安心感を生み出す脳内神経伝達物質であるセロトニンの分泌が高まるからだ。

また、運動には抗うつ薬に匹敵する効果があることも研究から報告されている。うつ傾向のある人は、医師から定期的な筋トレや有酸素運動を勧められているのだ。不安やストレスは運動で解消される。これだけで筋トレをやる意味が一つ増えたはずだ。

そもそも、重いベンチプレスに必死に取り組んでいる時に、仕事や人生の悩みを深刻に考える余裕はない。運動をしている瞬間は、それが世界の全てになるからだ。不安な時こそジムに向かって汗を流す。筋トレはそうした心の問題も解決してくれる。これも私が筋トレやフィットネスを日本に広めたい理由の一つだ。

コンディション理論3

自分を褒めてモチベーションを上げる

人間のモチベーションに強く影響しているのが、ドーパミンという脳内ホルモン（神経伝達物質）だ。ドーパミンは快感や多幸感を与え、意欲を高める効果、運動機能を調節する働きを持つ。このことから「人はドーパミンを出すために生きている」と言われるほどのモチベーションの根幹となっているホルモンだ。

ちなみにドラッグやアルコール依存症の原因もドーパミンである。ＮＩＤＡ（アメリカ薬物乱用研究所）の報告によれば、平常時を１００とした場合、食事で１５０、ニコチンで２２０、薬物で２０００のドーパミンが放出されるそうである。我々の動機づけはドーパミンに強い影響を受けているのだ。

科学的には「褒められることで運動習得が早くなる」と報告されており、褒めることと筋トレの上達には密接的な関係がある。友人やトレーナーなどで褒め合える筋トレ仲間がいるのが理想だが、いない場合は自分で自分を褒めるのも有効だ。

地味だが、効果的な方法だ。「上手くできた俺はすごい」「俺はできる」――こう考えることでドーパミンが放出されてモチベーションが上がる。同じようなことは筋トレに限らず、モチベーションの高い人は自然にやっている傾向がある。特にスポーツ選手は、プレッシャーと闘いながら、ハードで厳しいトレーニングを継続する必要があるので、これを独自でやっていることは多い。

また、過程（プロセス）を褒めるのも効果的である。スタンフォード大学のキャロル・ドゥエック氏の研究では、課題に取り組んだ子どもを次の2パターンで褒めた。Aグループには「素晴らしい点数だね、あなたは頭がいいのね」と能力を褒め、Bグループには「素晴らしい点数だね。あなたは努力して頑張ったのね」と努力した過程を褒めた。

その結果、時間が経つとAグループの子どもは失敗を恐れて新しい課題に取り組まなくなり、努力を継続しなくなった。一方、Bグループの子どもたちは努力することに喜びを感じるようになり、より一層新たな課題に取り組むようになった。結果ではなく、努力のプロセス自体とその継続を楽しむようになったのである。

つまり、「成果ではなく行動を褒めること」が効果的なのである。筋トレで言えば、「今日一生懸命筋トレができた俺って偉いな」とか、「1ヶ月間も筋トレを継続できた俺は凄いな」という意識的な自画自賛がモチベーションを上げる。

コンディション理論4

1日5～10分でストレスを軽減する瞑想

ストレスが筋肉増量に大敵なのは前述の通り。たった1日5～10分だけでストレスを軽減させる効果的な方法がある。それは**瞑想（マインドフルネス）**だ。スピリチュアルや宗教的なものと思うかもしれないが、実は科学的にもその効果が認められているのである。

瞑想にはストレス軽減の他にも、メンタルの安定、集中力や記憶力の向上など様々な効果が確認されている。これは「脳の中の脳」と呼ばれ、意思決定や情動を抑制する背外側前頭前野が活性化するからである。カーネギー・メロン大学の研究では、被験者が瞑想を3日間集中的に行った結果、背外側前頭前野の活動量が2週間後までに約3倍に増えた。

瞑想は元々マサチューセッツ工科大学の心理学者ジョン・カバット・ジンが開発した、慢性的な痛みやストレスを抱える患者に向けた治療プログラム「マインドフルネス・ストレス低減法」から始まった。

1980年代からのべ1万9000人に実施され、現在では、その効果の高さからグーグルやアップル、フェイスブックといった世界的企業の研修プログラムに取り入れられるほどになり、アメリカにおけるマインドフルネス関連の市場規模は4兆円にのぼる。日本でもヨガなどと組み合わせ、生活に瞑想を取り入れる人は多くなっている。

瞑想で最もポピュラーなのは呼吸を意識する方法だ。

①背筋を伸ばして座り、目を閉じる(椅子に座っても座禅でもよい)

②1分間に4〜6回のペースで、息をゆっくりと吸って吐く

③この時、呼吸(吸気の流れ)**に意識を向ける**

具体的には、鼻から息をゆっくりと吸い、お腹が膨らみ、鼻から空気が抜けていく、一連の空気の流れに意識を集中させる。

④気が散ったり、雑念が浮かんだら、そのつど意識を呼吸に向ける

たとえばランチや誰かのことが頭に浮かんだ瞬間に意識を呼吸に向ける。

これを1日5～10分行うだけである。タイミングとしては朝が理想だが、余裕のある時間にやればよい。最初は気が散りやすいと思うが問題ない。「気が散る→意識を呼吸に向ける→気が散る→意識を呼吸に向ける」を繰り返すことが初期段階の主な作業となるからだ。繰り返しているうちに次第に雑念を上手く消せるようになる。

瞑想は1回で劇的な効果があるわけではなく、日々続けることで効果が高まっていくものだ。前述のマインドフルネス・ストレス低減法も8週間の治療プログラムである。

ちなみに、私は瞑想やマインドフルネスという言葉が世間に広まる前の中学生の頃から、自分で開発した瞑想をやっていた。風呂場で頭上からシャワーを浴びながら目を閉じ、ゆっくりとした呼吸に意識を向けていた。

当時、中学生だった私は強烈なストレスから身を守るために、自然と自己流の瞑想に行き着いた。おかげで、思春期特有の不安定な精神状態につぶされずに済んだし、学業の成績も大きく向上した。

ストレスや心配事が多くジムに行く余裕がない、気分が滅入っていて筋トレをやる気が起きない、という時は1週間ほど瞑想を試してみてほしい。きっと意識が変わるはずだ。

2

良質な睡眠で筋トレ効率を高める

コンディション理論5

睡眠の質を上げ、疲労を回復する3つの方法

睡眠は人間に必要不可欠だが、睡眠不足は筋肉作りに甚大な被害をもたらす。第1章で述べた通り、睡眠時間が少なくなるだけでテストステロン値の低下、インスリン感受性の低下といった筋合成に必要なものに悪影響が出る。さらに、脳内の有害なタンパク質であるアミロイドβの増加、記憶力や集中力の低下、運動パフォーマンスの低下、体脂肪の増

加など大きなデメリットが発生する。

睡眠時間を確保するのも筋トレの一環である。とはいえ、仕事や家事がある中、いきなり自分のライフスタイルを変えて睡眠時間を増やすことは難しい。そこでまずは睡眠の質を下げている主な要因を理解して、睡眠の質を高める方法を説明していく。

①スマホのブルーライトをカットする

睡眠のスイッチは「メラトニン」という脳内から分泌される神経ホルモンによって入る。日が沈むと徐々に眠くなるのはメラトニンによるものだ。

しかし、寝るべき時間にメラトニンの生成を阻害し、生活リズムが乱れる原因となるのが「ブルーライト」だ。ブルーライトは太陽光のほか、スマートフォン、PC、テレビなどの光にも含まれている。太陽光と同じブルーライトを浴びることで、脳が昼だと認識してメラトニンの生成が阻害され、睡眠導入機能が働かなくなるのである。

だから、筋トレ効果を最大化したいなら、夜間のテレビ、スマートフォン、PCの使用は控えることである。わかっていても使いたいということなら、ブルーライトのカット機能があるスマートフォンもあるし、ブルーライトカットメガネをかけてもよい。実際に私も夜間のブルーライトをカットするようにして、かなりの効果を実感している。

②就寝6時間前までのカフェインを避ける

カフェインの覚醒作用が眠りを妨げることは誰もが知っていると思うが、副作用はそれだけではない。カフェインは睡眠の質も低下させるのだ。就寝6時間以内のカフェイン摂取は睡眠障害を起こすことが研究からわかっている。

これはカフェインの効果（脳内のアデノシン受容体の働きを妨げる）に耐性ができているカフェイン中毒の人も同様だ。就寝前にカフェインを摂取しても普通に眠れるという人もいるかもしれないが、程度の差こそあれ眠りは浅くなる。

トレーニーの中では、トレーニング前に「プレワークアウトサプリ」というパフォーマンス向上系サプリを使用する人が多くいる。この中にも、カフェインが大量に入っているので、覚醒作用でトレーニングのパフォーマンスは向上する。しかし、夜間のトレーニングの場合は、その後の睡眠の質が下がるので、筋肉への効果はトータルでマイナスになると私はみている。夜間のプレワークアウトサプリの使用は控えた方がよい。

③眠る1～2時間前の入浴で体を温める

寒い冬よりも蒸し暑い夏の方が眠りにくい。これは体温と睡眠が深く関係している証拠で、眠りには「深部体温」が下がることが強く影響している証明だ。

深部体温とは、直腸など体の内部の体温のことで、朝から夕方にかけて上昇し、夜から朝にかけて下降する。つまり、深部体温が下降するタイミングで徐々に眠くなるので、眠る前に深部体温が下降する環境を作ることで良い眠りにつける。

『スタンフォード式「最高の睡眠」』（サンマーク出版）の筆者であるスタンフォード大学医学部精神科教授の西野精治氏によれば、深部体温は上昇した以上に下降する性質があるため、逆に「寝る前に一度、深部体温を上げてしまうこと」が有効である。就寝90分前を目安に入浴し、深部体温を上昇させることで、眠る時間には深部体温が下降してくるので入眠しやすい状態になる。

さらに西野氏によれば、手足から熱が放散することで深部体温が下がるため、就寝時は靴下をはかない方がよい。そして、体温は室温に影響されるので、適度に室温を涼しくしておくことで深部体温が下がり、よく眠れるようになる。

コンディション理論6

速攻で眠りに落ちる究極のテクニック

目が冴えてどうしても眠れない時に活用できる究極の睡眠テクニックがある。それはカナダのサイモン・フレーザー大学の認知科学者リュック・ボードウィン氏が考案した**「認知シャッフル睡眠法」**である。私はこの方法で眠れなかったことはない。

シャッフル睡眠法は、「羊が1匹、羊が2匹……」と数える、誰でも知っている方法(これには効果がない)と似ている。寝床に入ったら簡単な言葉を思い浮かべる。たとえば、Fish(魚)という英単語。次にその単語の頭文字F、I、S、Hから始まる言葉を、思いつく限り並べていく。「F」なら、「Face(顔)、Fast(速い)、Farm(農場)」といった感じである。そして、Fの単語が思いつかなくなった時点で2文字目の「I」に移って、再び単語を考えていく。

ただし、連続して思い浮かべる単語は一切関連性がないことがルール。これがシャッフル睡眠法のカギである。間違っても、「Family(家族)、Face(顔)、Fashion(ファッション)」というように「魚料理を家族と食べて、その時の表情が嬉しそうで、どんな服を着ていて」とストーリーを成り立たせないようにする。

「こんな方法で眠れるわけがない」と思うかもしれないが、不思議なことに恐ろしいほど速く眠りに落ちる。私の場合は、3語目に到達した時点で夢の中にいる。

このメカニズムは、大脳皮質（大脳の表面に広がる神経細胞の薄い層）の活動を停止することにある。動物にとって睡眠は敵に襲われる危険性のある行為なので、人間は進化の過程で、周囲の情報をキャッチして眠りについても安全かを見極めてから眠りにつくように大脳皮質の機能を発達させた。そこで、何の脈略もない単語を連想することで大脳皮質の活動を停止させた結果、眠りのスイッチが入るのである。

シャッフル睡眠法を日本語でやりたい場合は、たとえば、「きんとれ（筋トレ）」という単語でやる場合は、「きつね（狐）、きょうと（京都）、きてき（汽笛）」というように関連性のないものにする。

間違っても、「きんにく（筋肉）、きょうしつ（教室）、きょうきん（胸筋）」として、「筋トレ教室で大胸筋を鍛えた」みたいな物語を作らないようにしてほしい。

3

目標を見失った「筋トレ教」になるな

コンディション理論7

「筋肉中毒」に陥らないためのチェックリスト

筋トレを教える側の人間から、筋トレのデメリットが語られることは少ないので、最後にあえてデメリットを紹介する。それは**「筋肉中毒（bigorexia）」**だ。

「筋肉中毒」をなめてはいけない。これは「筋醜形症（Muscle dysmorphia/bigorexia）」というれっきとした心の病気だ。最悪の場合、うつ病を患って死を招く。

筋肉中毒は、例えるなら女性に多い拒食症の筋肉版のようなもので、他人と自分の体を比べて「自分の筋肉が小さい」「他人に比べて筋肉が足りない」という強い不安と強迫観念を持ち、多くの場合はうつ病を伴うようになる。

女性が「体重は軽いほどよい」という考えにとらわれて拒食症に陥るのに対して、男性の「筋肉が大きいほどよい」という考えが筋肉中毒(筋肉醜形障害)を生んでいると考えられている。SNSやメディアでボディビルダーやステロイドを使用したトレーニーの露出が増えた今、この症状に苦しむ人は世界中に大勢いる。

イギリスではジムに通う若い男性の10人に1人が筋肉中毒と言われており、特に欧米圏など「男性はマッチョな肉体が良い」と広告で宣伝されている地域で顕著となっている。これらの国では、筋肉中毒を患った若者がステロイドなどの薬物を使用して死亡する事例も多く、社会問題化している。

また、日本でも筋肉増強薬の副作用により救急搬送が近年増加し、一部には亡くなる人もいると、医療関係者から聞いた。今後は日本でも「筋肉は大きいほどかっこいい」という見方が浸透していくだろう。そして、フィットネス人口が増加するにつれて筋肉中毒者も増えるとみている。筋トレに人生を救われるのではなく、支配されるということだ。特にＳＮＳやメディアの影響を受けやすい20代以下の若者は注意してほしい。

他人事だと思うかもしれないが、本書を読んでいるあなたが筋肉中毒になる可能性は十分にある。もちろん、筋肉を大きくすることを純粋に楽しむなら問題はない。ここで伝えたいのは、あくまで筋肉の増量に強迫観念を持つことへの警告だ。私はあなたが筋トレで苦しみ、最悪の結果、命を落としてほしくないので書いている。

筋肉中毒のチェックリスト

アメリカ中毒センター（American Addiction Centers）が発表した「筋肉中毒のセルフチェックリスト」を紹介する。次の質問に「はい」が多い人は要注意だ。

①怪我をしているのに筋トレをする
②毎日１時間以上のウエイトトレーニングをしている
③１日１回は筋トレをしている
④１日の大半、筋トレや筋肉のサイズについて考えている

⑤筋肉を増やすために、友人関係や仕事に支障が出ている
⑥トレーニングができない日は不幸に感じる
⑦他人が否定をしているのに、自分自身の筋肉を小さいと感じている
⑧毎日、自分の筋肉のサイズを測定し、鏡で確認している
⑨小さいと思っている自分の筋肉部位を隠そうとする
⑩雑誌やネットの他人の筋肉と比較して、自分の筋肉は小さいと確信している

筋肉中毒者の大半は、自分の状態、考え方やメンタルヘルスに問題がないと思っている。自分で病気であることに気がつくのは難しいのである。筋肉を増やすことに強迫観念を持つと精神的に辛くなる。「これをやると筋肉が分解されてやばい」「これをやると筋肉が増えそうだ」と思考が筋肉だけに一日中支配される。

筋肉は大きければ大きいほどよいわけでもなく、カッコいいわけでもない。ボディビルやフィジークなどの競技者は別にして、筋肉の大きさで優劣をつけようとするのは完全に間違った考えだ。だから、私は自分よりも筋肉が小さい人を馬鹿にすることは絶対にしない。

筋トレをライフワークに取り入れて、生活を豊かにすることは素晴らしいが、ゴリゴリのマッチョになっても永遠に筋肉を増やし続けることが素晴らしいわけではない。筋トレは続けるべきものではあるが、あくまで楽しんで続けてほしい。

そもそも、筋肉がどれだけ増えるかは第1章で紹介した通り、遺伝的な要素が強く、個人の努力ではどうにもならない領域もある。だから、他人と自分の筋肉量を比べることは不毛である。もちろん、本書で述べている通り、ある程度の段階まで筋肉を増やすことは大事だが、見た目を追求し続けることが全てではない。

とにかく私が願うのは、筋トレに取り組む人全員が幸せになることだ。それを願って本書を執筆した。この思いを少しでも受け止めてくれたら、こんなに嬉しいことはない。

引き続き、私の筋トレ探究に興味のある方は、Twitterで「フィッシャーマン」と検索して私のタイムラインに遊びに来てほしい。モチベーションと筋トレに関する有益なツイートを発信し続けるので、あなたの筋トレライフの助けになるはずだ。

最後に、あなたの筋トレライフの充実を願って、本書の締めくくりとする。

参考文献・資料

Mark Rippetoe『Practical Programming for Strength Training』

Matthew Walker PhD『Why We Sleep:Unlocking the Power of Sleep and Dreams』

Chris Aceto『Championship Body Building:Chris Aceto's Instruction Book for Body Building』

キャロル・S・ドゥエック著／今西康子訳『マインドセット「やればできる！」の研究』（草思社）

アメリカ国立医学図書館　https://www.ncbi.nlm.nih.gov/

米国科学アカデミー　https://www.pnas.org/

アメリカ睡眠医学会　https://aasm.org/

アメリカ食品医薬品局　https://www.fda.gov/

フィッシャーマン

「正しい筋トレで日本人1億2000万人を救う」を使命に活動する筋トレ指導者。両親兄弟とも医療系に従事する家庭に生まれ、国立大学でスポーツサイエンスを専攻する。オリンピックの代表監督やコーチ、日本最高峰の研究者やトレーナーに学び、Twitterで発信した質の高い筋トレ知識が圧倒的支持を得て、筋トレ系でフォロワー数日本一となる。その後、ガリガリだった自身の体型を変えるべく研鑽した筋トレ理論を実践したところ、わずか1年間で筋肉量は7kg増え、BMIの筋肉版FFMIはアスリート並みの23(推計値)となる。2年後にはボディビルダー並みのFFMI24となり、フィッシャーマン式筋トレメソッドの効果を証明した。Twitterフォロワー数は現在13万人超。本書が初の著書となる。

Twitter: @muscle_fish

フィッシャーマン式《しき》
筋《きん》トレ以前《いぜん》の筋肉《きんにく》の常識《じょうしき》

2021年1月30日　第1刷発行
2022年11月20日　第3刷発行

著　者　フィッシャーマン
発行者　三宮博信
発行所　朝日新聞出版
〒104-8011　東京都中央区築地5-3-2
電話　03-5541-8814(編集)
03-5540-7793(販売)
印刷所　大日本印刷株式会社

Published in Japan by Asahi Shimbun Publications Inc.
ISBN978-4-02-331925-7